THE QUICK AND EASY WAY TO EFFECTIVE SPEAKING

Dale Carnegie

有效沟通的艺术

〔美〕戴尔·卡耐基 著
曹景龙 译

北京理工大学出版社
BEIJING INSTITUTE OF TECHNOLOGY PRESS

图书在版编目（CIP）数据

有效沟通的艺术／（美）卡耐基（Carnegie,D.）著；曹景龙译．—北京：北京理工大学出版社，2010.5（2022.7 重印）
ISBN 978-7-5640-2094-1

Ⅰ．①有… Ⅱ．①卡…②曹… Ⅲ．①人间交往－通俗读物 Ⅳ．① C912.1-49

中国版本图书馆 CIP 数据核字（2010）第 038265 号

出版发行／北京理工大学出版社有限责任公司
社　　址／北京市海淀区中关村南大街5号
邮　　编／100081
电　　话／（010）68914775（总编室）
（010）82562903（教材售后服务热线）
（010）68948351（其他图书服务热线）
网　　址／http://www.bitpress.com.cn
经　　销／全国各地新华书店
印　　刷／三河市中晟雅豪印务有限公司
开　　本／640毫米×965毫米　1/16
印　　张／13
字　　数／140千字
版　　次／2010年5月第1版　2022年7月第2次印刷
定　　价／39.80元

责任编辑／申玉琴
责任校对／王　丹
责任印制／李志强

图书出现印装质量问题，请拨打售后服务热线，本社负责调换

目　录

序　言　1

第一部分　有效沟通的基本原则　1

第一章　掌握演说的基本技巧　3

准则一：借他人经验，获自己心得　5

准则二：目标在前，积极锁定　9

准则三：抱有必然成功的决心　12

准则四：抓住每次练习机会　15

第二章　培养信心　17

一、了解有关当众演说造成恐惧的事实　19

二、作恰当的准备　21

三、抱有必然成功的决心　26

四、展现出信心十足的样子　27

第三章　有效沟通的快捷之术　31

一、从自身经历过或了解过的事中找合适的话题　33

二、确保对你的题材充满热忱 38
三、渴望你的听众与你产生共鸣 40

第二部分　演说，演说者和听众 43

第四章　获得演说权 45
一、你的主题不要过于分散 47
二、加强你的储备力量 48
三、演说中多用事例 50
四、用具体、熟悉的话语描绘场景 57

第五章　使演说更生动 61
一、选择你真心想讲的题材 63
二、再现你对题目的感觉 68
三、真诚表现 68

第六章　与你的听众分享演说 71
一、根据听众的兴趣发表演说 73
二、给予最真诚的欣赏 76
三、与听众合而为一 77
四、让听众成为演说中的一员 79
五、放低姿态 80

第三部分　即席演说及有准备演说的目的　83

第七章　发表简短演说获得良好回应　85
一、把源于你生活中的事例作为例子　92
二、陈述你的主张，你想让听众做什么　97
三、说明原因或听众所期待的好处　98

第八章　进行说明性演说　101
一、限定话题与所安排的时间相符　103
二、依序安排你的想法　105
三、按照顺序列举你的观点　105
四、熟悉的概念与陌生的概念作类比　107
五、使用直观的器材　112

第九章　发表演说使人信服　115
一、通过理所当然来赢得自信　117
二、得到赞同　118
三、以富有感染力的热情演说　121
四、对你的听众展现尊重与爱　122
五、以友好的方式开始　123

第十章　发表即席演说　127
一、练习即席演说　129
二、做好进行即兴演说的心理准备　131
三、立刻列举具体事例　132
四、语言活泼而富有力量　133

五、使用此时此地原则 133
六、是即席而谈，不是随兴乱讲 134

第四部分　沟通的艺术 137

第十一章　发表演说 139
一、冲破自我意识的束缚 141
二、不要模仿别人，你就是你 142
三、与听众交谈 144
四、全身心投入到演说之中 147
五、训练使你的声音有力并且富有弹性 148

第五部分　有效沟通的挑战 151

第十二章　介绍演说者、颁奖辞和获奖感言 153
一、对所要说的内容作彻底的准备 157
二、采用T-I-S（题目—重要性—演说者）公式 159
三、充满热情 163
四、要热心忠诚 163
五、充分准备颁奖辞 164
六、获奖时表达你真实的感情 165

第十三章　组织长篇演说 167
一、立刻引起注意 169
二、避免获得不利的注意 176
三、支持你的主要观点 178

四、请求行动 182

第十四章　活用所学技巧 187

一、在日常会话中要详细具体 189

二、在日常工作中活用有效沟通技巧 191

三、积极寻找公开演说的机会 191

四、要持之以恒 192

五、要确信自己能成功 194

序　言

戴尔·卡耐基最早的公共演说课程,是为“基督教青年会”开设的,地点在纽约第125大街，时间是1912年。当时的人们认为，当众演说与其说是一种娴熟技艺，不如说是一门精湛艺术，其训练的目的多半是为造就一些站在讲台上能口吐莲花滔滔不绝发表演说的雄辩之才。但普通的商界人士和专业技术人士，所希望的不过是能够在自己的生活环境中可以充满自信、轻松自如地表达自己的想法，他们并不情愿花费时间和金钱去学习发声、音律、姿态等演说方面的知识。戴尔·卡耐基关于有效沟通的课程，满足了人们这方面的需求，因而取得了立竿见影的效果。戴尔使当众演说不再需要具备特殊天分和智慧，而是所有普通人都可以通过学习和训练掌握或提高的技术。

如今，戴尔·卡耐基的课程已经遍及全球，戴尔·卡耐基的一些培训理念也为数以万计的学生不断验证着，这些学生来自四面八方，各阶层各年龄段都有，这些人通过培训成功地改善了演说技巧，也提升了他们的生命效能。

戴尔·卡耐基专门为其课程而撰写的《如何在商界公开演说并影响他人》已经再版了50多次，被译成11种文字，风行全球。在几次修订改版中，戴尔·卡耐基及时把他在实践中获得的知识和各界人士的个人经验增补进来，以保持理论及时更新、与实践同步。每年读这些书的读者，规模超过了全美各个大学注册入学的新生人数。

该书第四版主要取材于戴尔日常记下的手稿和各种想法。他本人精心选取了标题，但这项工作因他突然离世而中断。我竭尽全力遵循他的理念——在听众面前，积极演说总会胜过“讷言寡语”，并且，积极演说乃是一个人个性和魅力的综合展示。

人们生活中的每一次主动行为都是某种形式的沟通，正是语言的沟通，使人类与其他生物区别开来。在所有的生物中，人类是唯一具有语言功能的。通过语言，人类将其独特的自我和内在的精华完美地表达出来。当他无法清晰地表达自己的意图时，无论是困窘不安、羞怯心虚，还是笨嘴拙舌，他的个人魅力都会因此黯然失色，甚至被人误解。

商界、社交和自我满意度，都受制于一个人的沟通能力，受制于能否清晰地向对方表达你的想法、你的愿望、你的信仰。

现在与往昔不同，国际形势弥漫着紧张、恐惧或者不安全的气氛，人与人之间需要更有效的沟通能力。基于此，我希望这本书能有现实意义，既能帮助那些希望在工作和生活中更轻松更自信表达的人们，还能帮助那些想完全地表达自己的内心意愿，以追求更完美人生的人们。

多萝西·卡耐基

第一部分
有效沟通的基本原则

任何艺术都包括少量的基本原则和大量的实践技巧。

在本书开篇的第一章中，我们讨论的是有效沟通的基本原则和使这些原则发挥效力的方法。

对于成年人来说，简捷而易于掌握的有效沟通方法，更易引起兴趣。达到此目的的捷径，就是对所实现目标具有正确的态度和建立坚实的方法基础。

第一章 掌握演说的基本技巧

我讲授如何当众演说的课程始于1912年，那一年“泰坦尼克”号巨轮沉没于大西洋冰海当中。至今，已经有逾75万名学员学习完了这门课程。

在每一期的“戴尔·卡耐基课程”的第一节示范教学课上，学员们都有一个发言的机会，陈述一下自己为什么来参加这个学习班，并说一下自己通过这期学习，希望收到怎样的效果。自然，大家措辞各异，但众多学员所表达的中心思想和他们所希望达到的基本需求，却是惊人地相似：“每当我被点名起立，必须当众讲话时，我感觉特别害羞、难堪、恐惧，以致我没有办法保持头脑清醒，没有办法集中注意力，把我想说的话也忘得一干二净。我想通过这样的培训课，能获得自信、镇静，能自由地思索。我希望能把自己头脑中闪现的乱七八糟的念头组织得符合逻辑，我还希望能够在商界或者社交场合中，可以清晰自如、充满自信地开口发言。”

这种说法你是否觉得耳熟？你是否也曾有过类似的无奈体验？你是否希望自己能得到一些好运，从而获得在公众场合侃侃而谈、让听众心服口服的能力？我敢肯定地说，你的回答是肯定的。你拿起这本书，翻开阅读，这正表明你想获得有效沟通的能力。

如果你能面对面和我说话，我知道你会对我说些什么，“可是，戴尔·卡耐基先生，你真的认为我能培养出自己的信心，能够站在人群前侃侃而谈，言辞连贯，流畅自如吗？”

我几乎平生的精力都用来帮助人们摆脱内心的恐惧，鼓舞人们重树勇气、重建信心。发生在培训班学员身上的奇迹般的故事，足以让我写出一摞书来。因此面对这样的提问，我只能回答：这不是我一厢情愿认为你能还是不能的问题，问题的关键在你自己，只要你能按照本书所推介的方法进行练习，我相信你也可以做到。

为什么你在人群前站立讲话时，不像随意地坐在座位上讲话时那样自如，是什么阴影笼罩了你？是什么原因使你当众讲话时神经质地战栗，并沦为“颤抖病”的受害者？你要打消顾虑，充分相信通过培训和练习可以消除你对听众的恐惧感，让你的生活重新充满乐观自信。

本书将帮助你达到这一目标。它不是一本寻常的小册子。它所罗列的绝不仅仅是有关演说的机械教条，也绝不仅仅是教你如何发声以及关于发声的生理学知识，而是我指导成年人进行有效沟通的毕生心血和经验积累。只要你从现在的状态开始起步，就会自然而然地接近你所期望的境地。需要你做的全部，不过是合作——按本书所建议的方法，在你所遇到的所有场合和情境中应用它，并坚持不懈。

为使你能快速有效地掌握当众发言的基本技巧，你将发现下面四条准则非常有效。

准则一：借他人经验，获自己心得

世间一切生灵，无论天赋能力如何，从未有哪一种是天生的演说家。在历史某些阶段，人们认为当众演说是一门精巧的艺术，这门艺术讲究修辞语法、谈吐优雅，因此，要历尽千辛万苦才能造就出一位演说家。现在，人们认为当众演说是一种延伸的交谈方式。那些过时的夸张方式及高亢的声调，已被人们摈弃了。人们在宴会、在教堂、在电视和收音机前所希望听到的，是坦诚的言语，是那些可以引发人们思考的话语，是讲话者与听众彼此平等的交流，而并非从旁指手画脚。

千万不要被学校的教科书所迷惑，这种书会误导人们认为演说是一门难以接近的艺术，对普通大众来说，也只有经过多年的训练，学会了控制发音、语调以及复杂的修辞，才可以迈入演说的殿堂。我把有生之年几乎都用来从事教学，是为了让我的学员们明白：公众演说是件非常容易的事，只需掌握一些非常简单而又非常重要的方法就足够了。回顾1912年，当我在纽约第125大街开始教授此课程时，我同我的第一期学生一样了解这一点。我用以教授第一期新生的方法，与当初在密苏里州渥伦斯堡大学受教育的方式差不多。然而我很快发现：我这样的做法完全不对。我竟试图像对待大学新生那样来教授在商界的成年人。我也发现了以韦伯斯特、波尔克、皮特以及奥康纳等人作为模仿的范例根本毫无用处。训练班上全体成员所需要的只不过是足够的勇气，从而可以在下一次商务会议上站起来，进行清晰而有条理的报告。不久以后，我抛掉了那本教材，直接登上讲台，以一些简单的方法，对学员进行培训，直到他们最终以令人信服的方式提出自己的报告。这招非常有效，因为有很多人不断前来寻求更多的培训。

我非常希望能有机会，让你们来我家或办公室看一下来自世界各地的学员的证明信和致谢材料。这些学员都是各行各业的杰出人物，其名字经常见于《纽约时报》及《华尔街日报》的商业版面。他们或为各州官员及内阁成员，或为大学教授以及娱乐业知名人士。还有数以千计的普通人，如家庭主妇、各部部长，甚至包括公司里的管理人员、行政见习人员、工人、工会成员，还包括大学生以及商业女性。所有人都渴望树立自信，并且希望拥有在公共场合自如表达的能力。他们对于我帮助他们实现了上述目标感激不已，特意致信表示感谢。

在写作此书时，有一个范例浮现于我的脑海，因为那时他给我留下了非常深刻的印象。几年前，D.W.甘特先生，一位费城成功的商人，在他参加这门课程不久，请我共进午餐。席间他探身对我说：“卡耐基先生，在很多商业聚会场合，我回避了每一次演说机会。而现在我作为一所大学董事会的主席经常有一些回避不掉的演说，您认为对我而言还有可能在年岁这么大的时候学会当众演说吗？”

我对他作出了保证，我班上也有许多成员与他有相似的情况，基于我的经验，毫无疑问他会成功的。

大概三年以后，我们再度于商业俱乐部共进午餐，同一地点，同一张餐桌，忆及我们上一次的交谈，我询问他我的预测是否成为现实，他笑了，从他的口袋里取出了一个红皮的小笔记本拿给我看，上面记录了下几个月的一系列演说安排。他承认："从交谈中收获的快乐以及在交流中所获取的意外收获，都是我此生中最为快乐的事情。"

不只如此，他还自豪地提起了令其引以为荣的一件事。当地教会团体邀请到了英国首相在费城的一次聚会上致辞。选出来陪同这位卓越政治家的费城人当然非D.W.甘特先生莫属。

而这个人，三年前还靠着餐桌，询问我是否认为他还能够在公共场合自如畅谈。

再举一个例子，已故的B.F.古利奇公司董事会的主席戴维·M.古利奇先生，一天来到我的办公室，说道："我一生，每一次在进行演说时都会害怕万分。作为董事会主席，我必须主持会议。多年来我已经熟悉了所有的董事会成员。当我们团团围坐之时我总能畅所欲言，但当我站起来讲话时却总会害怕，几乎说不出一句话。这种情况已经好多年了。我认为你根本无法为我解决任何问题。我的情况很严重，时间太久了。"

我问道："哦，如果你真的认为我帮不了你，那你又为什么来见我呢？"

"只有一个原因，"他回答道，"我有一个会计师，负责打理我的个人账目。他是一个害羞的小伙儿，在进入他的办公室之前，他必须经过我的办公室。他总是轻手轻脚地经过我的办公室，低着脑袋，几乎不敢说一句话。但是近来，我发现他变了。经过我办公室时，他挺胸抬头，双目放光，而且总能充满自信与活力地打声招呼：

‘早安，古利奇先生。’对他的变化我很惊讶。于是我对他说：‘谁使你发生了这么大的变化？’他告诉我，是你的培训教程令他今非昔比。仅仅因为我亲眼看到一个胆怯的小伙儿发生了这样的变化，我才来见你。”

我对古利奇先生说，如果他定期来上课，并按照我们要求的那样做，在几周之内，他将很乐于在公众面前进行演说。

“如果你能让我做到那一点，那我就会成为本国最快乐的人之一了。”他回答道。

接着他参加了培训班，三个月后取得了飞速的进展，我邀请他参加一个在阿斯特饭店舞厅举行的有三千人出席的会议，并对其他人讲述他在训练班的收获。他对我表示歉意，由于早先的安排无法前来。而第二天他打电话给我：“我很抱歉，因为我已经取消了原先那个安排。我打算前来为你演说，这一切都应归功于你。我将告诉听众们我在训练中的收获。我这么做，是希望通过我的故事鼓励一些听众消除恐惧，因为恐惧破坏了他们的生活。”

我仅仅安排他演说两分钟，而他对着三千人竟说了十一分钟。

在我的培训课上，类似的奇迹不断发生。通过培训，他们当中许多人获得了意想不到的成功，或者在商界里，或者在职场上。有时仅仅是适逢其时通过一场得体的谈话而做到了这一点。让我们来看看马里奥·拉卓的故事吧。

多年以前，我收到了一封来自古巴的电报，令我极为震惊。“如果你不回电给我，我就直接赶到纽约参加演说培训。”署名为“马里奥·拉卓”。他是谁？我很惊讶，以前从没有听说过。

当拉卓先生到达纽约时，他说：“哈瓦那乡村俱乐部即将举行落成十五周年庆典，我已应邀出席，并打算赠送一座银杯，同时担任晚会主持人。虽然我是一名律师，但我从没有在大庭广众之下发表过演说。一想到这场演说我就惴惴不安：如果我失败了，那么我妻子和我在社交场上都会很尴尬，而且可能会有损于我在客户中的声望。这就是我为什么千里迢迢从古巴赶到这儿向你求援的原因。另外我在这儿只能逗留三个星期。”

那段时间里，我让马里奥从一个班换到另一个班，一晚上有三到四次的演说。三周以后，他在哈瓦那乡村俱乐部盛大庆典上发表了演说。他的演说非常精彩，以至于《时代》杂志外国新闻部分进行了报道，并称赞他为“雄辩能手”。

听起来很奇妙，不是吗？这确实是一个奇迹，一个20世纪战胜恐惧的奇迹。

准则二：目标在前，积极锁定

当甘特先生谈到公共演说——这个刚刚获得的技能——给他带来的快乐时，我相信他也感受到了这项技能远比其他技能更为重要，更加有助于他的成功。确实，他完全依照要求付诸行动并积极地执行了我的各项安排。我敢保证他做到了这一切，因为他非常乐意去做，而之所以乐意去做，则是他将自己视为一个成功的演说家。他站在了未来前所未有的高度，并努力工作以使之梦想成真。这也确实是你必须要做的。

集中精力培养自信以及培养富有成效进行交谈的能力都会使你获益匪浅。考虑一下它可能为你带来的社交好处：交下很多的朋友，增强你为市民、社会、宗教团体服务的能力，并且使你在商业圈中能够拥有一定的影响力。简而言之，它为你成为一名领导者铺平了道路。

S.C.艾连先生是现金登记公司董事会主席以及联合国教科文组织主席，《演说季刊》曾发表过他的一篇题为《演说与商业领导者》的文章，文章写道："在商业史上，很多人通过在职场上辛勤工作使自己为人瞩目。而多年以前，一个年轻人虽然只是负责堪萨斯州一家小小的分公司，但通过一篇相当出众的演说获得赞赏而平步青云，如今成为我们公司负责营销的副总裁。"我也碰巧了解到这位副总裁现在成为全国现金登记公司的主席。

无法预测你的当众演说能力将为你带来多么深远的影响。训练班上的一位毕业生，美国西弗公司的总裁亨利·布莱克斯通先生说："与他人有效沟通并与之合作的能力，是我们为谋求不断升迁而孜孜以求的一笔财富。"

想一想当你站起来与听众分享你的所思所感时，那将是多大的满足与愉悦。我曾多次环游世界，但旅行的愉悦仍然比不上演说的现场听众如痴如醉带给我的快乐，你会因此感觉到一种强大的力量。一位毕业了的学员说："在我开始之前的两分钟，我宁愿挨鞭子也不愿意去演说；而到了我结束演说前的两分钟时，我则宁愿挨枪子儿也不愿意停下来。"

现在开始想象一下你可能被要求起来发言，而你在听众面前侃侃而谈的情景吧。你满怀信心迈步前行，一开始全场鸦雀无声，你条分缕析使所有听众心无旁骛，离开讲台时你又能感受到全场热烈掌声中所蕴含的温馨，而当会议结束后又能够听到每个听众对你的溢美之词。相信我，其间蕴藏着一种魔力以及一种永生难忘的兴奋。

哈佛最杰出的心理学教授威廉·詹姆斯先生写了六句话，这六句话会对你一生产生深远的影响，就像进入阿里巴巴藏宝库的通关秘诀——"芝麻开门"—— 一样，至关重要。

不论什么课程，只要对之充满热情你就会学好。

如果你非常关注结果，则你毫无疑问可以实现这种结果。

如果你想做好，你就能做好。

如果你希望富有，则你将会很富有。

如果你希望博学，则你将会很博学。

只有你必须真心渴望这些事物，不再有其他奢求，而且不会有其他不相干的事情干扰，你才会成功。

学会面对公众有效演说还有其他好处。实际上，即使你此生都没有机会进行正式的当众演说，经过演说培训获得的收益仍然是极大的。当众演说培训是人们走向自信的康庄大道。一旦你认为你能够起身面对大庭广众大方得体地交谈之时，当然可以自信你能以更大的信心和把握与个人交谈。许多男男女女参加培训，最初只是因为他们在社交场上显得非常害羞与不自然。但当他们发现他们有能力站起来跟同班学员交谈，并没有因为紧张而头晕目眩时，他们才意识到过去那种羞怯的荒唐可笑。他们崭新的姿态开始给其他人，包括家人、朋友、商业伙伴、顾客以及委托人都留下了深刻的印象。我们许多毕业的学员，如同古利奇先生一样，是由于目睹周围人们个性的明显改变才来参加培训课程的。

这种类型的训练也潜移默化地对人们的个性产生了影响。戴维·奥曼博士是亚特兰大的一位外科医生，同时也是全美医药联合会的前任主席。不久之前我问了他一件事，即从精神与生理的角度来看，按照他的观点，当众演说培训的好处究竟是什么。他微笑着说，他能回答这个问题。他开出一张“药方”，而这个“药方”“没有药店能够配制，必须由个人来配；而如果其本人认为他做不到这一点，那他就错了”。

我将这个“药方”置于自己的办公桌上。每当我读到它，总会深有所感。以下就是奥曼博士奋笔疾书的配方：

尽全力培养一种能力，使其他人能够了解你的所思所想。学会将你的想法、意见对其他人，不论是个体还是群体，明确无误地传达。这样，你会发现：当你努力去做并不断取得进步之时，你以及你真实的自我，都将对你周边的人产生前所未有的影响。

从这份药方中，你能获取双倍的收益。你的自信心将随着你学会与其他人进行交谈而增强，同时你的个性也将更加谦和善良。这意味着你将从精神上获益，由此也将从生理上获益。现代社会中当众演说惠及了每一个人，包括男女老幼。我本人并不了解它对于商业圈或行业内个人的好处，我仅仅是听说其好处巨大。但我确实清楚它对于健康的益处。你能够对几个人或许多人说说话，这样你将会越做越好，就如同我自己；并且你将感到神清气爽，那是一种完整而圆满的个人感觉，是一种你前所未有的感觉。

是一种很奇妙的感觉吧，而且没有任何药物能够产生这样的作用。

所以第二条指导原则就是想象一下你自己正成功地做着现在所害怕去做的事情，想象你已能够从容地当众讲话，并从中获得许多收益。还记得威廉·詹姆斯那句话吗？“如果你非常关注结果，那么你毫无疑问可以实现这种结果。”

准则三：抱有必然成功的决心

在一次广播节目中，我曾经被要求讲述三句话，以这三句话概括我所学过的最为重要的一课。我回答：“我所学过最为重要的一课是我们思考的极端重要性。如果我知晓你在想些什么，那么我就知道你是怎样的一个人，因为你的所思所想造就了你。通过改变我们的想法，我们能够改变自己的人生。”

你已经将目光指向树立信心和能做到更富成效的交流上了，那么从现在开始，你必须积极地而非消极地考虑在努力进取过程中所有成功的机会。对于努力进行当众演说所产生的结果，你必须树立一种乐观向上的精神风貌。在致力于培养这种能力的过程中，你必须如板上钉钉一般决定你的每一句话、每一个行动。

有一个小故事可以强有力地证明这样一点：对于面临演说挑战的任何人，具备果断坚定的决心是必要的。我所写的这个人到目前已经进入了管理层，成为一名传奇性的商界人物。但最初他在大学校园站起来进行演说的时候，言不成句。老师布置的五分钟演说，他都无法完成。当他匆匆离开讲台时，脸色苍白，目含泪光。

学生时代的那段惨痛经历并没有把他击倒。他决定成为一名优秀的演说家，最终他成为一名世人尊崇的政府经济顾问，这期间他都没有改变那项决定。这个人就是克莱伦斯·B.南道尔。他有很多富有思想性的著作，其中有一本名叫《自由的信念》，他谈起了当众演说：“我受邀参加各种形式的午宴和晚宴并发表演说，举办者包括了厂商协会、商务部、扶轮社、基金会、校友会及其他组织。我在密歇根的伊思肯纳为第一次世界大战发表了爱国演说，我与米基·鲁尼一道巡回作慈善演说，也曾与哈佛的总裁詹姆斯·布莱恩特·康纳、芝加哥大学校长罗伯特·M.胡金斯就教育问题进行过巡回演说。我甚至在餐后以蹩脚的法语作过演说。

“我自认为我了解听众想听些什么，希望我应该怎么说。对于一个值得托付重任的人而言，只要他愿意学习一切，就没有什么学不会的。”

我赞同南道尔先生的说法。渴望成功的决心是成为一名优秀演说者这个过程中至关重要的一步。如果我能够看透你的心思，并发现了你愿望的强烈程度以及你思想的明亮与阴暗面，那么我就几乎可以准确断言，你在改善交流技巧方面的进步是快还是慢。在中西部的一个培训班里，头一个晚上接受培训时，一个叫周·哈弗斯第的学员站起来信心十足地说，作为一名房屋建造商，他要成为全美房屋建造商的发言人才会满意。他想在全国上下奔走，把他在本行业所遭遇到的问题以及所获得的成就讲给别人。周·哈弗斯第是那种特别能让老师快乐的学员：他有一种郑重其事的玩命劲头。他想讲的问题，并不仅仅局限在当地，还包括全国性问题。虽然对商人而言那是一个繁忙的夏季，但是他仍然从头到尾认真准备他的演说，仔细地练习，从不敢忽略一个微小之处。终于他取得了令人吃惊的飞速进步，短短两个月里他成为班上的一个优秀学员，并被选为班长。

一年后，在弗吉尼亚的诺福克，负责那个班的老师这样写道："我已经完全忘记了回到俄亥俄的周·哈弗斯第，一天早上当我吃早餐时，打开当地的《弗吉尼亚导报》，他的相片以及相关报道映入眼帘。前一个晚上，他在地区建造商的大型会议上致辞。在我看来，他非但已经成为全国房屋建造商协会的发言人，而且成为该协会的主席了。"

所以在本职工作中取得成功所需要的素质就是：付出任何代价的努力，渴望磨平山峰的激情与耐心以及相信一定成功的自信心。

当尤里乌斯·恺撒从高卢返回，经过海峡远航归来，回到现在的英格兰之时，他又怎样做来保证军队获胜呢？一个聪明的做法是，驻扎多佛的白色悬崖，下面是两百英尺[①]的巨浪，让火舌吞没了他们乘坐的每一艘船。在敌国，与大陆的最后联系已断绝，撤军已无可能，对他们而言只有一条路可走：勇敢前进，征服一切。他们也

① 1英尺=0.3048米。

正是那么做的。

这就是永远不会消亡的恺撒精神。为什么不能使之成为你用以征服恐惧的制胜之道呢？将每一个消极的念头都扔进火里吧，断绝逃往犹豫不决的每一条通路吧。

准则四：抓住每次练习机会

我于第一次世界大战前在纽约125大街"基督教青年会"开设的这门课程几乎已经完全改变了。每年都有很多新的理念补充进教程，而旧的理念则完全被抛弃。但本教程的特点则始终没变：每个训练班的每个学员都必须站起来一次（多数情况下两次），在同学面前发表演说。为什么？因为一个人如果不参加公开演说，就根本无法学会当众演说，诚如一个人如果不下水就学不会游泳一样。你可以读遍有关当众演说教材的每一章节（包括这本书），但仍然无法进行演说。只有你将里面的建议付诸实践，才会有收获。

当乔治·萧伯纳被问及如何才能学会咄咄逼人地当众发表演说时，他回答说："我像学习溜冰一样去训练——我不断地让自己出丑并最终学会了它。"年轻时，萧伯纳是很害羞的一个人。他去拜访别人之前经常在河堤上来来回回走上二十多分钟，最终才壮起胆子去敲门。他承认，"很少有人像我这样为胆小怯懦而难过或者为之羞惭万分"。

最后，他偶然发现了最有效最快捷也是最有把握的方法，而最终也征服了羞怯、胆小及恐惧。他决定使这些缺点成为一种强有力的资产。他参加了一个辩论学会，每一次有公众讨论的集会，他总是站出来参加辩论。他还全身心地投入到社会运动，站出来为社会事业大声疾呼。最终他成为20世纪上半叶最具信心最出色的演说家之一。

演说的机会无处不在。参加组织以及志愿接受需要你演说的职位。在公共集会上，即使仅仅是表示附议，也不妨站起来履行一下自己的权利。不要在部门会议上悄无声息。站起来说吧！在周日学校儿童班上教课，成为一个童子军的领袖。寻找各种机会积极参加各种聚会，从而加入到各种群体当中。你只要观察周围就会发现，极少有一个商业、社团、政治职业，甚至于邻里活动会阻碍你勇敢向前放声演说。而如果你不去演说，不去反复地演说，你将永远不知道你取得了怎样的进步。

“我知道这一切。”一位年轻的企业经理曾对我说，“但是我害怕面对学习过程中严峻的考验。”

“严峻的考验！快把那种思想丢掉吧。你从来都没有用正确的、征服性的精神来理解学习。”

他问道：“那是一种什么精神？”

我告诉他：“是一种敢于冒险的精神。”我还对他讲述了一些通过当众演说使个性更加活泼开朗的成功之道。

他最后说：“我会试一试的，我将直面这次冒险。”

当你读到这本书时，当你将其中的理论付诸实践之时，你也将面对这次冒险。你将发现在这次冒险当中，你的自我引导能力及你的观念将从始至终支撑着你。你将发现这次冒险能够改变你的一切，包括内在的和外在的。

第二章

培养信心

“五年前我曾到过你举办示范课所下榻的旅馆。我走到会议室门前，站住了。我知道如果我走进那个房间参加一个培训班，迟早有一天我将不得不进行演说。我的手僵在门柄上，我没敢走进房间。我转身走出了那间旅馆。

“如果那时我了解到您非常容易地征服了恐惧，那种面对听众就会瘫软的恐惧，那么我就不会白白浪费这五年的时光了。”

对我倾诉衷肠的这个人并非在桌旁闲聊，他正向两百多听众发表他的演说。这是在纽约市我的一个培训班毕业集会上的情景。我对他当时谈话的仪态和自信印象特别深刻。我认为，就是这样一个人，他的管理技能通过刚刚获得的表达技巧与信心得到了巨大的提升。作为他的老师，我很高兴看到他已经完全战胜了恐惧，我还禁不住思考：如果他克服恐惧提早五到十年的话，那么现在他将会获得多么大的成功，而且又会多么快乐。

爱默生说过："恐惧打败了很多人，这一点世界上任何事物无可比拟。"噢，我才意识到这句话描述了一个多么残酷的事实。我又是多么高兴在我有生之年能够使人们摆脱恐惧。当我1912年开始我的教程之时，还没意识到这种训练其实是帮助人们驱除恐惧与自卑感的最好方法之一。我发现学会当众演说是克服羞怯忸怩、树立信心非常自然的好方法。为什么呢？因为当众演说使我们逐渐控制住了内心对听众的恐惧。

几年下来，通过对人们当众演说技能的训练，我挑出了一些好方法，用来帮助你们快速克服讲台恐惧症，并在经过短短几周的训练之后树立信心。

一、了解有关当众演说造成恐惧的事实

事实一

并非只有你一个人害怕当众演说。调查显示，在报名参加培训的学员当中，有80%到90%的人在培训之初都患有“讲台恐惧症”。我则相信，在成人班里，课程刚开始的时候，这个比例会更高，几乎达到100%。

事实二

一定的讲台恐惧感对你会有好处！我们天生都随时准备应对外界的挑战。因此，当你注意到你的脉搏加快，呼吸加速，不要惭愧。你的身体一度对于外来的刺激保持警惕，将随时准备采取行动。如果这种生理上的准备在限度之内的话，你就能够思维敏捷，谈吐更加流利，并且总的来说比正常情况下表现更好。

事实三

许多专业的演说家都向我保证过他们从来没有完全克服对登台演说的恐惧。几乎在开讲之前这种恐惧总会出现，而且在讲话中的头几句恐惧感仍一直持续。要想做赛马不做驮马，这是这些演说家必须经历的磨炼。那些自称所有时刻都“十分冷静”的演说者经常是脸皮很厚，而且是激情万丈的。

事实四

对于当众演说产生恐惧的原因非常简单，就是你还不太习惯这么做。“恐惧是愚昧和犹疑的衍生物。”《思想的酝酿》一书的作者罗宾逊教授这样说道。对大多数人而言，当众演说存有变数，因此总是充斥着焦虑与恐惧等因素。对于初学者，相比于学习网球或者驾车而言，当众演说更会面对一系列复杂的陌生场合。为了使这种恐惧的情形更为简单明了、容易处理，只有训练、训练，反复地训练。在成百上千次训练之后，在你获得成功演说经验之后，你会发现当众演说是在营造快乐，而并非痛苦。

卓越的演说家、受人爱戴的心理学家阿尔伯特·爱德华·威格恩克服恐惧的故事，自我第一次看到它起，就一直对我是一种鼓励。他在中学被要求站起来发表一篇五分钟的演说，他非常害怕。

他这样描述：“随着这一天的临近，我确实生起病来。每当恐惧袭来，我的大脑充血，胸膛剧痛，以至于我会走出教室来到教学楼后，抵住冰冷的砖墙不断地按压，试图平缓汹涌的情绪。

“读大学时我依然如此。曾经有一次，我仔细背诵一篇演说的开场部分，但当我面对听众时，我的头开始发晕，几乎不知道我在什么地方。我嗫嚅着说出开头那一句，‘亚当斯和杰弗逊都已经过世了……’之后我说不出一句话，于是我鞠了个躬……然后在如潮的掌声中庄严地返回座位。主席站起来说道：‘哦，爱德华，听到这个坏消息我们都很震惊，但此时此刻我们会尽力节哀的。’在一阵哄堂大笑中，确实只有死才能疏解我当时的心情。之后我病了好几天。

“在那以后，确实我最不愿意做的一件事就是成为一名公共演说家。”

一年后大学毕业，阿尔伯特·威格恩留在丹佛。1896年政治运动针对“自由银币铸造”问题产生了激烈争议。一天他读到了一本小册子，其中介绍了有关“自由银币铸造”的提案。对布莱恩及其拥护者的错误和虚伪的承诺，他非常愤慨，于是他典当了他的怀表，用那笔钱返回了印第安纳。一到了那儿，他就针对健全货币这个问题发表了演说。而许多听众就是他大学时代的校友。他写道：“一开始，那次大学中失败的阴影再一次掠过我的心中。我喘不上气来，结结巴巴，似乎一切又要重蹈覆辙了。但是，正如昌西·戴普经常说的，听众与我都不知怎的经历了这段开头；并且在这个小小成功的鼓舞之下，我又继续谈了自认为大约十五分钟的时间。令我惊奇的是，我发现我已经谈了一个半小时了！

“结果，在接下来几年内，我的行为令世人为之震惊，我发现自己竟然以一名职业公共演说家来作为谋生的手段。

“我直接体会到了威廉·詹姆斯所谓成功的习惯是何种含义了。”

是的，阿尔伯特·爱德华·威格恩学会了克服演说恐惧症最有效的方法，即以成功的经验作为自己的支撑。

你应该想到这点：在你渴望公开演说之时肯定自然而然地伴随有一定的恐惧。而且你应该学会依靠有限的恐惧使你作出更出色的演说。

如果对演说的恐惧失控了，造成精神紧张，词不达意，难以控制地抽搐以及极端的肌肉痉挛，都会令你的演说效果大打折扣。即使这样你也不要绝望，这些症状对于初学者来说很寻常。如果你努力的话，你会发现对演说恐惧的程度会最终达到最低限度，在这个限度内，恐惧不再是一种阻碍，而是演说的一种帮助。

二、作恰当的准备

几年前，一位资深政府官员在纽约扶轮社午宴餐会做主讲人，我们渴望听到他讲述其所在部门的活动情况。

几乎很快我们发现对这次演说，他显然没有作任何准备。最初他试图发表即兴演说。但后来还是失败了，他从口袋中取出一沓笔记，然而笔记杂乱无章，就好像货车里的碎铁片一样乱七八糟。他手忙脚乱地在这些笔记里搜寻，找不到有用的东西，从头到尾在发言中他都非常尴尬而又生疏。时间一分一秒地过去，他越来越无助，越来越为难。但他仍不断地挣扎，并不断地致歉，试图从笔记中理出头绪，期间颤抖着手拿起杯子滋润干渴的嘴唇。那是一幅令人难堪的画面，他完全被恐惧所击倒，这一切正是由于其事先没有充分地准备所致。他最终坐下了，那是我曾经看到的最出丑的演说者之一。他发表的演说正如卢梭所说的：从一开始他就不知道该说什么，结束之后又不知道说了些什么。

自1912年起，出于我的职责，一年当中我评估了五千多场演说。从那次经历之后，一个极大的教训就如同珠穆朗玛峰一样深深印在我的心中，远远超过其他的经验：只有精心准备的演说者才能拥有完全的自信。任何人带着有缺陷的武器上战场，或者根本就没有弹药，又怎么能有希望攻克“演说恐惧”的堡垒呢？林肯说：“我相信，当我无话可说时，即使经验再老到也会很尴尬的。”

如果你想培养信心，作为一名演说者，为什么不好好准备使你更安全呢？阿伯苏·约翰写道：“充分的准备会驱除恐惧。”所以进行充分的准备吧。丹尼尔·韦伯斯特说他如果只做了一半的准备就出现在听众面前的话，就好像衣冠不整一样。

永远不要逐字逐句地背诵演说稿

“充分准备”是不是就意味着要逐字记忆演说词呢？对这个问题我会大声地说“不”。因为试图使自己摆脱面对听众头脑空空的窘境，很多演说者会一头陷入背诵演说词的陷阱里。一旦沾染上这样的毛病，这位演说者将无可救药地费时进行准备，结果只会损害自己的演说效果。

当美国老牌新闻评论员H.V.卡登波恩还是一名哈佛大学的学生时，他去参加校内的演说比赛。他选了一个短篇小故事“贵族与国王”。他逐字逐句地背诵它，反反复复达上千遍。比赛这一天，他宣布了他的题目“贵族与国王”之后，大脑就只剩下一片空白，不只是一片空白，而且整个世界都昏暗了下来。他很害怕。绝望之余他开始用自己的话复述那个故事。当裁判颁给他一等奖的时候，他感到极为吃惊。从那一天起到现在，H.V.卡登波恩从没有朗读也没有背诵过一篇演说词。这已经成为他广播生涯中获得成功的诀窍。他只是准备一些笔记并且不带讲稿就对听众侃侃而谈。

把演说词写下来并且记住，这样的人不但浪费时间、精力，并且还会引发事故。我们这一生都一直在自发地进行交谈。我们不会考虑词汇的使用，而只会考虑意图的抒发。如果我们的想法清晰，词汇就会像我们呼吸的空气一样自然而然地喷涌而出。

温斯顿·丘吉尔也曾通过这样困窘的方式得到了这个教训。年轻时，丘吉尔演说时也要写出并记住他的演说词。直到有一天，他对国会议员发表一篇背诵的演说词时，思路忽然中断，他的大脑一片空白。他非常尴尬、羞愧！他不停重复上一句，脑中仍然一片空白，而他的脸涨红了。最后他颓然坐了下来。从那天起，丘吉尔再没有发表过一篇经过背诵的演说。

如果我们逐字逐句地背诵演说词，我们面对听众时就可能会忘记它。即使不会忘记，在演说时我们将可能以机械的方式发表。为什么？因为这并非是由衷的演说，而只是来自我们的记忆。当与他人私下交谈时，我们总会考虑要说些什么，接着怎么继续，而不会挖空心思考虑用什么词来说。我们这一生就一直在这么做。为什么不试着现在就改变它呢？如果我们确实写下来并背诵自己的演说词，我们可能就会与范斯·布斯勒有相同的遭遇。

范斯·布斯勒是布克斯艺术学校的毕业生，后来成为世界上最大的保险公司之一——公平人寿保险公司的副总裁。几年前，在西弗吉尼亚州的白温泉会议上，他应邀向来自全美的两千名公平人寿代表发表讲话。那时，他仅在寿险行业工作了两年，但是取得了辉煌的成功，所以他被安排作一个二十分钟的演说。

范斯很高兴，感到那是一种荣誉。但不幸的是，他把演说稿写下来并背了下来。他在镜前反复排演四十多遍，感到一切尽在掌握：每个段落、每个姿态、每个面部表情。他想这回一切都没问题了。

然而，当他站起来发言的时候，他害怕了。他说："这个项目当中我的作用是……"然后大脑一片空白。迷迷糊糊中，他后退两步试图重新开始。他重复了这个动作三次。讲台四英尺高，后面没有围栏，讲台后面距离墙面有五英尺宽。因此第四次他后退时，便向后倒下消失到隔缝里去了。听众爆发出一阵哄笑，一个人从椅子上跌落下来，滚到了过道上。公平寿险从没有人做出过这么滑稽的表演。这个故事令人吃惊之处在于听众们认为那确实真的是一场表演。公司的老员工现在还一直在取笑他的那次表演。

但是我们的演说者范斯又怎样呢？范斯·布斯勒自己告诉我那是他一生中最难堪的场面。他感到非常丢人，于是他写了辞呈。

范斯·布斯勒的主管说服他撕掉了辞职信。他们使他恢复了自信，而多年以后他也成了团队中最富成效的演说人之一。但他之后从没有再背过演说稿。让我们吸取这个教训吧。

我听说过无数的人试图背诵演说稿，但是我认为如果他们把背诵的演说词扔进废纸篓，他们将会更富活力，更有效果，更加的人性化。如果他做到这一点，他可能会忘掉一些要点，说起话来可能会东拉西扯，但是至少会更生动活泼。

阿布·林肯曾说过："我最不喜欢听那些了无生趣的说教。当我听到一个人演说时，我喜欢看他表现得像一只嗡嗡战斗着的蜜蜂一样。"林肯说他喜欢看一位演说者摆脱讲稿、自在随性、充满激情地演说。当然了，当一个人打算回忆那些背诵的句子时，绝不可能像战斗着的蜜蜂一样。

预先整理安排你的想法

那么什么才是准备演说更为恰当的方法呢？很简单，从你的生活背景中搜索人生所汲取的有重要意义的经验，整理你的思想、你的看法、你的信仰，它们总会从你的经验当中不断涌现。真正的准备意味着对你的主题不断加以反思。正如查尔斯·雷纳德·布朗几年前在耶鲁大学一系列纪念性的演说中所提到的："反思你的主题直到熟练而又丰满，那么把所有这些想法记录下来，只需要几个词，就足以记熟这条想法……就将它们记在纸片上，而当你打算将这些材料按序排列之时，你会发现很容易把这些零散的部分整理出来。"这听起来并不困难，不是吗？是的，并不难。仅仅需要一点专注以及有目的的思考。

在你的朋友面前反复排练你的演说

准备进行到一定程度之后，应该以某种程序排练你的演说吗？当然应该。这是一种便捷有效的制胜之道。在每天与朋友及商业伙伴的交谈时，以你精心挑选准备用来演说的内容作为主题。不要闲聊某某球队得分的情况，不妨斜靠在餐桌旁这么说："你知道吗，乔，我有一段特别的经历，想要跟你聊一聊。"乔可能会很乐于听你讲的故事。观察他的反应，听听他的回应，他可能有一些颇有见地的想法。

他并不知道你是在预先排练你的演说，事实上知道了也没什么关系。他可能会与你谈得非常尽兴。

杰出的历史学家阿兰·尼文斯给笔者提出一条相似的建议："找一个对同一主题志趣相投的朋友，详细地把你所了解的向他倾诉。用这种办法，可以帮助你发现对于事实的解释你还存在一些盲点，还有一些你不曾意识到的观点和主张，并且会帮助你找到你讲述这个故事的最佳方式。"

三、抱有必然成功的决心

还记得在第一章，讲到当众演说的基本技巧时，"抱有必然成功的决心"是其中的法则之一。这条法则在此应用于你所面临的特殊的任务，即抓住每一次机会讲出成功的经验。

完全沉浸于你的主题当中

在选定主题之后，按计划整理主题，通过与朋友"谈心"进行排练，这一切完成之后，你的准备工作还未完成。你必须把你的一切倾注于你的主题当中。你必须有这样一种精神，即激励过历史上所有伟大人物的那样一种精神——对事业的信仰。如何在你的内容中激发起听众对你所讲述内容的信服之情呢？通过深入探讨你的主题，掌握其更深层次的含义，并一再地反思如何使听众从你的演说中受益。

不必关注使你沮丧的负面刺激

比如说，在开始之前，过分考虑某些语法错误，或者演说过程当中令你的演说就此终结的某个地方，这些因素都是打击你信心的负面影响。特别重要的是，在投入演说之前你的注意力要从自己身上转移开来。多听听其他演说者所讲的，全身心地关注他们，你就不可能产生极端的演说恐惧症。

给自己加油

除非拥有为之奋斗一生的崇高事业，否则每一位演说者都将经历一个时刻，即对于他所演说主题的怀疑。他会自问这个主题是否正确，听众是否对此感兴趣。他甚至可能想把那个主题一改了之。负面的情绪可能会完全摧毁演说者的自信，在这时，你应该为自己加油。用直接平实的语句提醒你自己：你的主题对你而言非常正确，因为它出自经验的总结，出自你对生活的思考；你比听众当中的其他人更适合发表这次特殊的演说，而你将全力以赴把这个主题讲述清楚。这种自我暗示的方法很老套吗？可能是，但当代资深的心理学家们都赞同自我暗示所产生的动机，即使是假装的，这也是快速学习最为强烈的激励之一。更何况在真实情况基础之上，真诚的鼓励又是何等的有力而且有效。

四、展现出信心十足的样子

美国本土最为知名的心理学家威廉·詹姆斯教授这样写道：

“行动看起来是在感觉之后，实际上二者同时进行；通过对行动加以控制，使之在主观意愿的控制之下，我们就能够间接控制我们的感觉，而不是相反为感觉所制约。

“因此如果我们自发的快乐已经丧失，那么通往快乐的最佳途径就是高高兴兴地坐下、做事、诉说，就好像快乐仍然存在一样。如果这样的行动都不能使你感觉到快乐的话，那就别无良法了。

“所以让自己感觉自己勇敢起来，那么行动起来就好像我们很勇敢一样。用我们的意愿来达到这个结果，那样我们的勇气将极有可能取代恐惧感。”

接受詹姆斯教授的建议吧。当你面对听众之时，培养自己的勇气就好像你已拥有了它。当然了，除非你准备好了，否则世界上一切这样的行动虽然有效但效果极其微小。如果你已经知道你要讲些什么，轻快地走上讲台深呼吸后再演说吧。实际上在你面对听众之前你应该深深地呼吸三十秒，增加的氧气供给能使你奋进，给你勇气。伟大的男高音歌唱家吉恩·德·雷斯基过去常说，当你深深呼吸一口气时，你“能够稳稳就座”消除紧张情绪。

站直身子，直视听众，充满自信地开始演说，就好像他们每个人都欠了你的钱一样。想象一下他们所做的事情，想象一下他们聚集起来是在祈求你宽限还债时间。这种心理作用对你会很有帮助。

如果你怀疑这种说法，与任何一位比你早进入培训班的同学交流一下，几分钟之后你就会改变这种看法。另外如果你不愿意和他们交流，那就相信一个美国人的话，因为他常被视为勇气的象征。从前他是个最胆小的人，但是通过自我保护能力的训练，他成为最勇敢的人。他反对垄断，他的演说使听众心悦诚服，他就是实施大棒政策的总统——西奥多·罗斯福。

在他的自传中，他承认：“我曾经是一个相当多病而且笨拙的孩子。年轻的时候，我缺乏自信。我不得不艰苦地磨炼自己，不仅仅是对自己的身体而且对自己的心灵与精神加以磨砺。”

幸运的是，他发现了如何使自己促成这种转变。他写道：“孩提时代，我看过马里奥特著作中的一段话，至今仍然记忆犹新。在这段话中，英国小型军舰上的船长解释了一位英雄如何获得无所畏惧的品质。他说一开始几乎每一个人在采取行动之时都会有些害怕，但是遵循此方法——对个人而言把握住自己，他就能够行动起来好像无所畏惧的样子。只要持之以恒，他就能够实现从假装去做到实际去做的转变。当一个人没有感觉到任何害怕之时，通过对勇敢无畏进行纯粹的训练，这个人实际上也就真正成为无所畏惧的勇者。

“这就是我继续进行实践的理论。最初我会害怕各种各样的事情发生，从灰熊到野马再到猎手，无一不怕，但我通过表现出好像不会害怕什么，最终慢慢消除了恐惧。只要愿意，大多数人都会有和我同样的经历。”

克服公共演说的恐惧会使我们所做的一切事情发生一种巨大的转变。那些直面挑战的人们发现，因为这件事他们成为更加完美的人。而且克服对演说的恐惧有助于引领他们过上更加丰富充实的生活。

一位销售人员写道：“经过几次在全班同学面前挺身演说之后，我感到自己足以应对任何人。一天早上，当我走到一位特别难缠的客户门前时，在他说‘不’之前，我把我的样品摊在了他的桌子上，最终他跟我签了我曾收到的最大一笔订单。”

一位家庭主妇告诉我们的一位代表：“我很害怕邀请邻居进门，担心我不能和他们尽兴交谈。几次班级聚会站上讲台之后，我冒险举办了第一次家庭聚会，并取得了巨大成功。期间我毫不费力地使他们心情愉悦，尽兴交谈。”

在一次毕业班集会上，一个职员说：“我很害怕顾客，面对他们总是战战兢兢的。经过在培训班当众演说了几次之后，我发现我能以更为自信平和的心态说话，我开始用坚定的态度回应质疑。我接受演说培训的头一个月我的销售业绩上涨了45%。”

他们发现：自己可以很容易地克服其内心恐惧和焦虑，并且在从前可能失败的地方获得成功；当众演说将使自己能够以更加确定的姿态来面对每一天的到来；怀着一种战胜一切的心态，将能够应对各种生活上的问题和矛盾，曾经的一系列难以化解的困境，都会成为增添生活情趣的快乐挑战。

第二章

有效沟通的快捷之术

白天我很少看电视。但是一位朋友近来要我看一个午后节目，该节目主要收视对象是家庭主妇，拥有非常高的收视率。我的朋友想邀我看一看，因为他认为参与这个节目的听众一定会引起我的兴趣。确实是这样，我看了几次，就为主持人主持节目的方式所吸引，他们成功地使听众畅所欲言。这些人显然并不是职业演说者。他们从没有接受过有关交流技巧方面的训练。一些人并不熟知语法规则，并且出现发音错误。但他们谈起来都那么的兴趣盎然，似乎面对镜头也没有显出惊慌窘迫，这些都引起了听众的关注。

为什么会这样？我知道答案，因为他们已经使用了多年以来一直为电视节目所采用的技巧。这些普通的男男女女引起了全国听众的注意，他们谈论自身经历的一切，包括一生中最为尴尬的时刻，最为快乐的记忆，或者如何遇到他们的妻子（丈夫）。他们并没有刻意思考演说的引言、主体和结论部分；他们并不关心措辞或句子结构；然而听众却能认真倾听他们的述说，他们获得了听众的认可。

这有力证明了我所主张的快捷掌握当众演说技巧的三条规则，具体如下：

一、从自身经历过或了解过的事中找合适的话题

讲你所熟悉的事情

生动、鲜活的故事令电视节目妙趣横生，因为他们所谈及的无不是亲身经历，无不是他们所了解的一切。想一想，如果他们也被限定了交流主旨或要求描述联合国的组织架构，将会出现何等单调的一个节目。这也正是目前很多的演说者在无数集会及宴会上一直在犯的错误。他们决定必须谈些什么主题，而这些主题他们很少或根本不了解，或很少甚至根本不关注。他们挑选了如爱国主义、民主、公正等话题，接着经过几个小时的紧张搜寻，无论何种情况下都会从一本书的引述或一位演说者的手记中获得素材，然后就匆匆忙忙地集中在一起加以概括，大致如他们在大学阶段上过的政治学课程一样，进行的演说拖沓冗长，没什么突出的特征。听众也绝不可能对这些空洞的材料感兴趣，因为这些材料根本不可能把夸张不切实际的理念转变成为现实。

几年前，培训班的老师们在芝加哥康纳希尔顿旅馆开会，一位学员开始这样发表演说：“自由、平等、博爱。这些都是人类词典中最有力量的思想。没有自由，生命还有什么意义？想象一下，如果你的自由处处受限，那么将会出现怎样的情况。”

一谈到这里，他被一位老师聪明地叫住了，老师询问他为什么相信自己所说的一切，是否有什么证据或个人经历支持自己的观点。于是那位学生讲述了这样一个传奇性的故事。

他曾是一位在法国进行地下斗争的战士。他和他的家人在纳粹统治下饱受凌辱。他生动地描述了他是如何逃出秘密警察的监控以及如何冲破重重障碍到达了美国。他最后说：“当我今天走在密歇根大道上来到这家旅馆的时候，我来去自如。我走过一个警察的面前，而他并没有注意我。我走进这家旅馆无须出示身份证，当会议结束的时候我可以选择去往芝加哥的任何地方。相信我，我们值得为自由而战。”他得到了听众席上一片热烈的掌声。

告诉我们生活对你的启示

一个演说者只要谈论生活对其本人的启示，那么他的讲话总会引起听众的关注。我从经验中得知，演说者不太容易说服听众接受他们的观点——而他们又竭力避免采用个人的经验，因为太琐碎也太具有局限性了。他们宁愿高喊一些一般性的理念以及哲学上的原理，不幸的是，这样的空气对于普通人来说太稀薄了，根本无法呼吸。当我们渴望一些新鲜事时，他们只给了我们一些报纸社论。没有人不厌烦听社论，除非这个人本身就是发表社论的人，如编辑或报纸的发行商。因此这个观点就是：说出生活所留给你的启示，旁人将成为你最忠实的听众。

据说，爱默生总是愿意倾听任何人诉说，不论对方地位如何卑微，因为他认为他能从每个人所遭所遇上学到东西。我听过很多人高谈阔论，可能比任何其他人都要多。我从未听过有一场演说因为演说者谈论生活留给他的启示而空洞乏味，不论他获得的启示是多么的微小或琐碎。

几年前，我们的一位老师在给纽约银行资深高管们讲授公共演说课程时，发现很多成员事情很多，没有多少时间，他们很难做好充足的准备，甚至通过胡编乱造来准备演说。他们一生都在考虑自身的想法，培养个人的信心，从自己独特的视角看待事物。他们已经用了四十多年的时间在为演说积累素材，但他们竟很难意识到这一点。

一个周五，与上级银行有关的某位先生——我们姑且称之为杰克逊先生——发现有四十五人到场，而他又想谈些什么呢？他走出办公室，在报刊亭买了一份《福布斯杂志》，在前往培训班所在的美联储银行的地铁站里，他读到了题为《仅需十年即可成功》的一篇文章。他看了看，并不是因为他对这篇文章感兴趣，而只是因为他不得不在所需的时间内谈些什么。

一个小时之后，他站在讲台上，试图自信而又风趣地谈论这篇文章的内容。

结果怎样呢？无可避免的结果。

他并没有完全理解这个主题，对于所要演说的主题并没有完全吸收掌握。很明显就是"试着说一说"。他一直尝试着寻找宣泄的途径，但又没有什么实质性内容传达出来。他整个姿态、口吻并没有不当之处。但他一直在谈论那篇文章，谈论文章作者如何如何，话语之中全都是那本福布斯杂志，几乎没有什么自己的观点，这又怎么能期望听众留下更为深刻的印象呢？

他结束演说之后，老师说道："杰克逊先生，我们对写这篇文章的幕后作者并不感兴趣。因为他并不在这儿，我们也见不到他。但我们对你和你的想法很感兴趣。请说出你个人的想法，而不是别人说了些什么。希望在这堂课上多谈一下你自己。下周还会谈这个主题吗？再读一下这篇文章吧，好好考虑一下你是否赞同作者所说的。如果你这么做了，那就表明是从你自己的经历中观察所得到的观点。如果你并不赞同他，那么就告诉我们因为什么。希望这篇文章成为你公开自己观点的起点吧。”

杰克逊先生重新读了这篇文章，得出了结论，即他并不赞同作者的看法。他从经历中寻找到了论据证实自己的看法。并通过自己作为一位银行经理的经历，详细地阐述并扩展了自己的看法。第二周返回培训班时，他根据自己的经历，发表了一篇演说，其中就充满了他本人的信念，并非简单的老调重弹。他从自己的经历矿藏当中为我们提供了矿石，还从他自己的铸币厂中拿出了精心铸造的钱币。我告诉你们这个例子是为了帮助你们判定哪一种演说会给培训班的全部学员留下更为深刻的印象。

从你的背景生活中寻找演说题目

一次，我们的老师被请求写下他们认为初学演说的人最大的问题是什么。对答案进行汇总之后，我发现“令初学者选择正确的题目”成为早期教学当中经常遭遇到的难题。

什么是正确的题目呢？通过搜索你的记忆，在你的背景当中寻找那些对你一生具有显著意义并给你留下深刻印象的事情，并通过你的亲身经历和你的深思熟虑提炼它成为你自己的思想，那就是正确的题目。几年前，针对培训班学员中最具吸引力的题目，我做了一项调查，发现听众最为偏爱的题目是有关一个人背景方面的内容。

早期时光及成长。涉及家庭、少年时代的回忆，上学时光方面的题目一定引人关注，因为我们大多数人都对其他人在所处的环境中遭遇并克服困难的方式很感兴趣。任何时候，只要有可能，就要把你早年的事例插入到你的谈话当中。一个人早年间应对外来挑战的相关题材，这方面的电视剧、电影及故事受欢迎程度都验证了这种题材的价值。但是你又如何能保证人们会对年轻时发生在你身上的事情感兴趣呢？有一种验证方法。如果某件事多年以后仍活生生地闪现在你的脑海，那几乎可以保证这件事将是听众感兴趣的一个话题。

以前努力奋斗前进的历史。这是一个能引人入胜的话题。通过重温第一次在舞台上崭露头角的发迹史同样能吸引人们的关注。你是如何进入某一特定行业或职业的？什么样错综复杂的环境成就了你的事业？对我们讲述在残酷竞争的环境下你如何取得一席之地，你所经受的挫折，你的希望所在以及你的胜利情形。任何人的生活中，任何真实的生活画面——只要适度地讲述——都是绝对成功的素材。

兴趣和爱好。这方面的题目是基于某人个人选择的基础之上的，诸如此类，也都是引起人们兴趣的题材。谈论起这些事情时你不会出错，因为它们纯粹出于你的爱好。对于特殊爱好的自然而然的激情将有助于你把这个题目需要传达的内容顺利地传达给听众。

特殊的知识领域。相同领域多年的工作已经使你成为该领域的专家。如果在你多年经验或研究基础之上，讨论有关你工作或职业方面的话题，你肯定会得到满怀敬意的关注。

特殊的经历。你曾遇见一位大人物吗？你曾在战争中遭到攻击吗？你曾度过人生当中的生死关头吗？这些经历都成为你演说的最佳素材。

信仰与信念。可能你已经耗费了大量的时间和精力思考面对当今世界最关键的主题，所应持有的立场观点。如果你已经用了几个小时的时间研究了相关问题的重要性，你就拥有了谈论它们的权利。但是当你这么做的时候，要确保你为你的信念给出一个特殊的例子。听众都不会喜欢一场充满概括性话语的演说。请不要以为现场读几篇报刊文章就足以应对这些题目。如果你对这个题材了解的情形还不如现场听众的话，最好不要说什么。如果你对某个主题已经深入研究了很多年了，无疑对你而言那是为你特定的主题。那就用各种方式，使用这个题目吧。

正如我们在第二章所指出的，演说准备不能只包括从报纸上机械性地引述的一些话语或者一系列的段落。也不包括草草地从书或报纸文章中读出的引述性的想法。这类准备应该包括深入挖掘你的思想、心思，并将生命中一直富含的内在信念提取出来。永远不要怀疑那样的材料是否存在。它就在那儿，极为丰富的材料等待着你的挖掘发现。不要因为这些素材太个性化、太细碎了以致听众不愿意听，而拒绝接受，这些演说定会为观众带来很大的快乐并深深地打动观众，会比从专业演说家那儿得到的更多。

只有通过谈论那些你熟知并有资格聊一聊的话题，你才可以进入到当众演说快速学习的第二步。

二、确保对你的题材充满热忱

你我都有资格聊一聊的话题中，并不是所有的主题都会令我们兴奋。比如说，作为一名“自己动手”的人，我确实有资格谈一谈洗盘子，但我却对这个话题并不感兴趣。实际上，我宁愿忘掉这一话题。而我听过家庭主妇——即家务的执行者们——就此话题谈得头头是道。她们对于像洗盘子这样没完没了的任务有股怒火，或者对令人厌烦的杂务已经想出了聪明的方法，以至于她们真正对这个话题感兴趣。结果也就当然能够有效地谈论洗盘子这样的话题。

有一个方法将帮助你判断你选择的当众讨论的话题是否合适。如果有个人站起来直接反对你的观点，你会出于信念和真诚进行演说来维护你的观点吗？如果你做了，你也就有了一个正确的话题。

近日，我偶然看见了1926年所记录的笔记，那是在我参加了瑞士日内瓦第七次全国培训班学员会议之后。里面有这样一段话："在三四位演说者机械地读完他们的手稿之后，加拿大的乔治·福斯特先生参加了讨论。我注意到他没有任何的笔记，对此我非常满意。他几乎不断地打手势，他全神贯注于他所说的一切。他非常想使听众理解他所说的。他真诚地想对听众传递某种信念，即他非常珍视自己的心声，这个事实就像窗外的日内瓦湖一样清澈如镜。我在教学中所提倡的基本方法在那次演说中得到了完美的体现。"

我经常回忆起那次乔治先生所作的演说。他是真挚的、真诚的。仅仅通过选择心之所感、意之所思的话题，这种忠诚感能被淋漓尽致地表现出来。富尔顿·J.西恩主教，美国最富活力的演说家之一，在其早年生活中学到了这一课。

他在他的著作《此生不虚》中这样写道："我被选为大学辩论队的成员，在圣母马利亚辩论赛的头一晚，我们辩论队的教官把我叫到办公室斥责我说：

'你绝对是个笨蛋。在这所大学历史上绝没有一个辩手比你更糟糕。'

我说：'噢，如果我这么笨，为什么你还挑选我进入辩论队呢？'

他回答说：'因为你能够思考，并不是因为你能说。现在到那个角落里去，挑出你演说辞里的一段反复练习它。'我于是不断地重复那一段有一个小时之久，最后他说：'在那一段有什么错误吗？''没有。'又经过了一个半小时，两个小时，两个半小时。我已经精疲力

竭了。他说：‘你还没看出错误是什么吗？’

两个半小时之后，我理解了。我说道：‘是的。我并不是发自真心。我并不是表明自我。我谈论它并不是出自本意。’”

在这一点上，西恩主教学到了令他一直铭记于心的一课：全身心地投入演说当中。于是他开始对他的演说话题热情起来，那时这位聪明的教官说道：“现在，你准备说吧！”

我班上一位学员说：“我对任何事情都没什么热情，我过着一种很乏味的生活。”我们的老师问他业余时间都做些什么。他告诉老师他喜欢收集有关火柴的书籍。当老师问他关于这项特殊爱好的时候，他渐渐活跃起来。很快他用手势比画他用来存放这种藏品的柜子。他告诉老师他的收藏品来自世界各国。对于感兴趣的话题他变得异常兴奋，这时老师引导他：“为什么你不讲一讲这个话题？听起来很让我着迷。”他说他以为没有任何人会对此感兴趣！这种人就是这样：花了很多年追求一种爱好，激情几乎一直与之相伴；然而他对于其作为演说题材的价值却不了解。老师使这个人确信：度量一个话题价值的唯一方式就是问问你自己对它有多大的兴趣。他以收藏家的热情谈了一个晚上，之后我听说他通过参加多个午餐俱乐部并谈论火柴书籍收集，得到了地方人士一定的认可。

三、渴望你的听众与你产生共鸣

每个演说场合都有三要素：演说者，演说内容以及听众。本章前两条规则处理的是演说者与一篇演说的内在关系，这条规则将谈及演说场合。仅仅当演说者把自己的谈话内容与活跃的听众关联起来之时，演说场合才会出现。演说内容很好准备，它可能仅仅涉及令演说者感到兴奋的题目，但要说到完全的成功，必须在演说过程中考虑进来另一个因素。他必须使听众感到他要说的内容对于他们很重要。他不仅要对自己的题目表现出热忱，而且必须把这种热忱传导给听众。每一个历史上知名的公共演说家，都有着如销售员、传道士那样，随便怎么互换他都不会出错的品质。有效的演说者真诚地希望听众能感其所感，赞同自己的观点，按他们认为正确的方式去做，享受并再度与自己共同重温演说者的体验。演说者总是以听众为中心而非以自我为中心。他了解演说的成败并不是由他决定，而是取决于听众的思想和心理。

在鼓励节约期间，我曾培训过美国银行协会纽约分会的一批人。其中有个人无法使自己的意图让听众理解，帮助他的第一步就是启发他的思想，激发他的热情，让他对演说主题充满热情。我告诉他忘记自我、用全部心思思考这个话题，直到对它充满激情。我要求他记住在纽约的遗嘱验证法庭上所显示的，超过85%的人们死时什么也没有留下来；只有3.3%的人留下了一万多美金。而且他必然会想起：他不会要求人们施予什么恩惠或为他做些什么，因为他们经济上无法负担。他常常暗自思想："这些人在他们老年时，我将使它们衣食无忧，生活舒适，并让他们的妻儿安全无忧。"他也会记住他是为伟大的社会福利事业站出来工作。简而言之，他必然是一位改革运动的斗士。

他反复考虑了这些，使它们深深印入他的脑海。他产生了很大兴趣，激发起了极大热情，感受到他确实有这样的使命。当他站出来演说的时候，他的话语之间承载着他对信念的回响。他对听众宣讲节约的种种好处，因为他非常想帮助别人。他不再是一个仅能以事实为依据的演说者了，他成为一名传教士，努力使人们走向那些有价值的信仰。

在教育事业当中，从前我曾极大地依赖公共演说的有关教条。为了做到这一点，我仅仅考虑那些由一些老师灌输给我的坏习惯，而这些老师无法摆脱那种高高在上的机械式演说。

我永远都不会忘记我的第一节演说课。老师们告诉我把胳膊自然地垂在身体两侧，手掌朝后，手指半弯曲，拇指轻触大腿。他又训练我使胳膊画出一道优美的弧线，手腕则优雅地转动，接着先展开食指，然后是第二指，最后是小手指。当整个雅致的、修饰性的动作完成之后，胳膊重新按那条曲线的轨迹返回，其余的部分再回到腿侧。整套动作笨拙而又做作，没有一丝明智或真诚蕴含其中。

我的老师并没有试图使我将自己的个性融入其中，也没有试着让我面对听众发表演说，像一个正常的、有生命力的人那样以充沛的活力进行交谈。

相比于这种机械的演说训练方式，我们在本章所讨论的基本原则只有三条。它们是有效演说训练的全部方法。你将在本书中一再地看到它们。在接下来的三章，我们将对每一条规则详细地加以解释。

第二部分
演说，演说者和听众

在这一部分，我们将讨论演说三要素——每一次演说中都会出现的三个方面。

首先是演说内容本身。我们会学习有关演说的内容，如何从我们经历的方方面面进行再创作。

其次是演说者。这里我们讨论那些演说者。正是他们的思想、体态和声音使得演说富有活力。

最后是听众。他们是演说所指向的目标，也是演说内容成败的评判人。

第四章

获得演说权

多年以前，一位哲学博士和一个年轻时在大英帝国海军服役、性格粗犷豪迈的人同时来到我们纽约的培训班报名。前者是一位大学教授，后者退役后则是一个搞卡车运输的小商贩。而后者的演说在班上受欢迎程度远远超过了那位教授。为什么呢？大学教授用的是纯正的英语，他很有礼貌、文质彬彬。他的演说总是富有逻辑性且思路清晰。但是这些演说都缺乏一个关键点——具体性。它们都非常模糊，都高度概括。这位大学教授从来没有用过个人的经历作为事例来证实他的观点。他的演说除了用一连串的逻辑连接起一系列抽象的想法之外，没什么实质性内容。

而另一方面，小商贩的语言则非常明确具体，且非常生动。他根据自己的实际经历侃侃而谈。他提出一个观点后，接着就通过讲述他经商过程中所发生的事情来加以证明。他描述了他不得不应对的客户以及为规则的掌控而头痛不已。他措辞的鲜活性以及内在的男子气概都使他的演说富有高度的启发性和娱乐性。

我引述这个例子，不是因为一个是大学教授另一个是卡车运输的小贩，对比非常独特。而是因为它表明了关注丰富多彩的细节对演说的强大作用。

这用下面四种方式积累演说材料，保证一定会对听众有吸引力。如果在你准备过程中采用这四个步骤，你就会在调动听众对你演说的注意力时做到得心应手。

一、你的主题不要过于分散

一旦你选定了题目，第一步就要确定你想要涉及的演说领域，并且严格限定那些领域的界限，不要试图逾越那些界限。一个年轻人试图进行两分钟的演说，题目是“从公元前500年的雅典到朝鲜战争”。肯定会白忙活一场！他刚刚讲完了雅典这个城市的建造就不得不坐下了，在一场演说中他想表述出太多的内容，成为一个失败者。我知道，这是一个非常极端的例子。我已听过上千场演说，那些很少将范围限定的演说有着相同的失败理由：他们都没能吸引听众的注意力，他们的演说涵盖了太多的观点。听众根本不可能关注观点的简单罗列。如果你的演说听起来像世界年鉴，你就不可能长久地吸引听众的注意。举一个简单的例子，就像讲黄石公园的一次旅行。演说者希望面面俱到，但是多数人在每一处风景则只能聊一些东西，从一景点到另一景点飞速地掠过。最后在听众头脑中的一切只剩下模糊的瀑布、山峰和喷泉而已。但如果演说者将内容限定在公园的某一方面，比如说，野生动物或者热泉，那么这样一场演说将是多么富有纪念意义呀！演说者会有时间描述这种如画风景的细节，这样的演说会使黄石公园的色彩鲜活生动。

对任何主题而言，无论是营销、面包烘烤、税赋豁免，甚至弹道导弹都同等适用。你必须在演说开始前选好主题并限定其范围，并相应确定可自由支配的时间。

一篇简短的演说，持续时间少于五分钟，你所能期望的一切就是将一到两个主要论点让听众理解清楚，如果打算涵盖四到五个主要观点，则很少有演说者能够成功。

二、加强你的储备力量

发表演说时，相比于对事实的深入挖掘，浅尝辄止要容易得多。但是当你讲述得太过浅显，听众就会对演说没什么印象或是根本没有印象。因此在限定了你的主题之后，接下来的第二步就是思考一些问题，以加深你的理解并以专业人士的口吻讲述你所选择的主题："为什么我会相信这个主题？现实生活中我什么时候曾经看到过这个观点，并经过了事例证明？我一直打算证明什么？它又是如何发生的？"

诸如此类的问题找出答案的话，将会赋予你一种蕴藏的力量，这种力量将使听众坐下来关注你的演说。据说植物学家路德·伯班克制作了一百万种植物样本，从中找出了一到两样超级品。演说也是这个道理，围绕你的主题将一百种想法加以集中，之后再抛掉其中的九十种。

约翰·甘特不久前说道："我打算搜集的信息是我要使用信息的十倍，有时甚至是一百倍。"

特别是有一次，他的行为证实了这一点。1956年他正撰写有关精神病医院方面的一系列文章。他参观了医疗机构，与监护人员、护理人员及病人进行交谈。我的一位朋友与他随行，在研究方面给他提供微小的帮助。朋友告诉我他们必须不断地上楼下楼，沿着走廊，从一个建筑物到另一个建筑物日复一日地走很多的路。甘特先生期间记了大量的笔记。回到办公室，他会把政府和州的有关报告、私立医院的报告以及委员会统计报告进行汇总。

“最后，”我的朋友告诉我说，“他写了四篇短文，它们足够简明，足够风趣，是一篇好的演说。所打印出来的纸张可能只有几盎司重。而他的笔记以及他用来作为演说稿依据的那些材料，则肯定有二十磅重。”

甘特先生知道他正在从事一项创造性的工作，他不能忽视任何一点。作为这方面的一个老手，他全身心地投入，从中挑选出有用的金块来。

我的一位外科医生朋友说：“我能在1分钟内教会你如何割除阑尾。但是要用四年的时间教会你在出了差错时该如何处理。”所以讲演就是如此：随时准备好，以便为突发状况做好准备，比如，因为早先一位演说者的评论而产生重点的改变，或者演说后听众讨论时间提出的有针对性的问题。

你也要尽可能快地通过选择题目获得储备的力量，不要拖延到你演说之前的一到两天才做准备。如果你尽早地决定好了你的题目，你将有不可避免的优势，你的潜意识将对你有很大的作用。利用一天当中的零散时间，在你工作之余，你能钻研你的主题，提炼你想要向听众传达的观点。比如在你驱车回家、等车或者乘坐地铁的时候，平时用于空想的时间都能用来致力于反复思考你演说的主题。正是在这段酝酿期，很多闪光点逐步形成，只是因为你早已经预先决定了你的主题而你的思想下意识地反复锤炼它。

一位杰出的演说家诺曼·汤玛斯，尽管其政治观点与听众截然不同，他却引起了听众的崇敬之情，他说：“如果一场演说比任何事都重要，则他应该反复推敲这个主题或内容，翻来覆去在脑中锤炼。当他走在大街上时，看报纸时，或者准备睡觉时，或者早上起床之时，他很吃惊会有许多有用的例子或者提出事例的方式呈现在他脑海中。平庸的演说常常只不过是平庸思想必然的、适当的反应，也是对于手边题材不完全熟悉的结果。”

当你逐步进行下去，你将有一种强烈的冲动，迫切想逐字逐句记下你想说的。不要这样，因为一旦你设定了这个模式，你可能就会满足于此，可能不会再赋予这个题材任何更深层次的思考。此外也存在着死记讲稿的危险。马克·吐温曾就这一点说道：“对这些事进行文字记录不是演说；它们的形式是文学性的；它们很僵化、刻板，而且无法将自身通过喉舌进行欢快有效的传递。而演说的目的则在于娱乐，而不是进行指示性的、将文字记录的口吻软化、分割，进行口语化，并将它们转变成为事先无所准备的演说的样子。否则将会使房间里所有的人都厌烦——更谈不上娱乐了。”

通用公司成长过程中产生的发明天才查尔斯·F.凯特林，他是美国最为知名的热心的演说家。当被问及他是否曾写出过其演说的任何部分或全部时，他答道：“我相信，我要说的东西远比写在纸上的重要。我宁愿将自己的一切记录在听众的心里，也记录在听众的感情里。一片纸在我和那些深深影响听众的东西之间，根本无法立足。”

三、演说中多用事例

在《写作艺术》一书中，鲁道夫·福莱西以这样一句话开篇：“只有故事才真正好读。”接着他证明了这条原则如何被用于《时代》及

《读者文摘》当中。几乎这些最时尚的杂志中每一篇文章或者是纯叙事性的，或者总会点缀这些奇闻逸事。毫无疑问，不论是演说中面对公众还是在杂志当中，每一篇故事的力量都在于吸引人们的关注。

诺曼·文森特·皮尔，其布道通过广播电视为数百万人收听收看，他说在演说中最受欢迎的、起关键作用的素材就是事例。他曾告诉一位《季度演说杂志》的采访记者说："真实的事例据我所知是最好的方法，它能够使演说思想明确，趣味十足，且更具说服力。通常，我使用多个例子来支持我的每一个论点。"

本书的读者们很快就能意识到，我常常采用奇闻轶事作为描述本书相关观点的一种方式。《如何赢得朋友并影响他人》一书中的规则可以列出一篇半，而另外一本书的两百多页里则充满了很多故事和事例，用来强调他人如何全面有效地应用这些规则。

对于新的材料的使用，我们如何才能掌握这项最为重要的技巧呢？有五个方式，分别是：人性化、个性化、详细化、戏剧化、可视化。

使你的演说更富有人性化

我曾要求一群在巴黎的美国商人谈一谈"成功之道"。他们多数人只是列出了大量抽象的品德，并空谈什么努力工作、持之以恒以及雄心壮志的价值。

于是我停下了这次课，说出了这样的话："我们并不想听人讲大道理，也没有人喜欢这个。记住，你必须快快乐乐，否则你无论说了些什么我们都不会注意的。另外要记住世界上最有趣的一件事情就是经过凝练升华、言辞华丽的奇闻逸事。所以请告诉我你们所熟知的两个人的故事吧。告诉我为什么一个成功了，而另一个失败了。我们将乐于听那样的故事，记住它，并有可能从中获益。"

那次课上确实有一个学员发现他的演说很难使自己或听众感兴

趣。然而这天晚上他明白了故事是吸引人们兴趣的关键，他讲述了他大学时代的两个同学的不同经历。其中一个同学非常保守，以至于他在镇里的不同商店里买衬衫，还列出图表显示哪一件洗熨最好、穿着时间最长，以求每一美元投入能获得最优的服务，他总在花费心思斤斤计较。他对自己自视甚高，当他毕业的时候——从一所工程类院校毕业——他不愿意像其他同学那样，从底层开始干起并获得晋升。甚至当全班第三次聚会到来的时候，他仍然为他的衬衫做出有关洗烫店的图表来，还在等候着有没有某一绝佳的机会出现在他的人生路上。这个机会从来都没有出现过。毕业以后二十五年过去了，这个人对生活充满了不满与厌恶，仍然在一个小职位上徘徊不前。

与这个失败的事例相对比，演说者接着又讲述了他的另一个同学，其成功超出了他人所有的预期。这位特别的小伙子是一个善于交际的人。每个人都很喜欢他。虽然他同样满怀雄心壮志，希望将来能大有作为，但他仍然从一名制图员干起。他总是时刻关注所有机会。接着为纽约世界博览会制订了相关的计划。他知道在那儿需要工程设计方面的人才，于是他辞去了费城的工作搬到了纽约。在那儿他与人合伙搞起了签约承包工程。他们为电话公司做了很多业务，终于他们以高薪承揽了博览会的相关工程项目。

这里我仅仅记录了他所讲述故事的梗概。他的讲述非常有趣，描述了很多令人惊讶、充满人情味的情节。他谈啊谈——这个人平常连三分钟的演说都找不到材料——而这次当他停下来的时候，他惊奇地发现他已经站在那儿说了有十分钟了。他的演说非常有趣，以至于每个人都觉得时间过得很快。这对于他而言是第一次大获全胜。

几乎每个人都能从这个故事中获益。普通的演说如果充满了富有人情味的故事，则肯定会更加地吸引人。所以演说者应该只需要试着列出几条观点，再用具体的事例进行描述就可以了。这样的演说方法在吸引听众的注意力时就几乎不会失败。

当然了，这样富有人情味素材的最丰富的源泉来自你自己的生活经历与背景。对我们讲出你的经历吧，不要因为感觉不应该谈论自己而犹豫不决。只有在听到某人以一种无礼的、极端自我的方式谈论自己时，听众才会非常反感。否则，听众会对演说者所讲述的个人经历表现出浓厚的兴趣。所以个人经历是吸引听众注意力最为可靠的方法，千万不要忽略它们。

通过使用名字使演说个性化

当你讲述的故事涉及他人时，使用他们的名字，或者如果你想保护他们的身份，那就使用化名。甚至于那些不具有个性化的名字，如"史密斯先生"或者"乔·布朗"也远比"这个人"或"一个人"更具有说服力、更生动。这种标名更具有可识别性及个性。正如鲁道夫·福莱西所指出的，"在一则故事当中，没有什么比出具姓名更加现实的了；也没有什么比匿名更不具有现实性的了。"想象一下，在一则故事当中所有的英雄都是无名的会怎样。

如果你的演说当中出现了很多姓名与个性化的代名词，则你的演说一定会极具可听性，因为你的演说具有人情味这一无价的组成要素。

演说详细化——以细节充实你的演说

在这一点上，你可能会问："这非常对，但我又怎么能够确定有足够的细节来充实我的演说呢？"有一种检验方法。对每一位记者而言，当他写一篇新故事时，他采用了5W公式：回答下述问题，何时（when）、何地（where）、何人（who）、何事（what）以及为何（why）。如果你采用了这个公式，你的事例将富有活力，而且丰富多彩。让我来用自己的一个小故事阐明这一点，该故事刊载在《读者文摘》上：

“在离开大学以后，我作为阿莫公司的销售人员在南达科他州度过了两年时光。我乘坐火车走遍这片区域。一天我不得不在雷德菲尔德拖延两个小时才登上一班南去的列车。由于雷德菲尔德并不在我的销售范围之内，于是我无法用这段时间进行推销。一年后，我将到纽约的全美戏剧学院学习，所以我决定用这段闲暇时间练习演说。我漫步走过铁路广场开始排演《麦克白》的剧本。将胳膊向前推，并大声喊道：‘我眼前所看到的是一把短剑吗，它的剑柄正朝着我？来吧，让我来抓住你：我虽然抓不着你，但我仍然能够看到你。’

“当四个警察向我扑来时，我仍然沉浸在戏中。他们问我为什么要恐吓妇女。如果他们指控我抢劫火车，我都不会这么惊讶。他们告诉我一个家庭妇女在100码外的厨房窗帘后面一直盯着我。她从来没有看到过这样的举动，所以她报了警，而当他们赶到的时候，听到我在大声喊着匕首的事。

“我告诉他们我正在练习莎士比亚的戏剧，但是我不得不在他们让我离开之前出示与阿莫公司的订货合同作为证明。”

注意，这个小故事回答了上面提出的5W公式所涉及的问题。

当然了，细枝末节太多比没有更糟糕。就肤浅而又不相关的细节进行拖沓的赘述，我们所有人都感到厌烦。请注意：在南达科他小城我几乎被捕的这个小故事，只不过是对于5W公式的每一个问题给出了一个简短而明确的回答。如果你的演说当中集中了太多的细节，你的听众将无法完全关注你，从而完全抹杀你作出的演说。没有什么比听众对你的演说漠不关心更严重的了。

利用对话来使演说戏剧化

假定你想要描述你如何通过使用人际关系准则中的一条经验成功地劝慰了一个顾客。你可以这样开始：

“一天有个人闯进了我的办公室。他怒不可遏，因为我们派人送上门的电器仅仅一周就不能用了。我告诉他我们将尽我们所能予以补救。过了一会儿他平静下来，看起来对我们下定决心使事情完满解决表示满意。”这种小故事有一个优点——非常详细，但是故事的主角没有名字，缺少详细的情节，而最重要的是，没有实际的对话使之更加生动。这里我们再加入一些要素：

“上周四，我办公室的门被猛烈撞开，我抬头看到了查尔斯·波列克杉怒气冲冲的样子，他是我的老主顾了。我没有时间请他坐下。他说：‘呃，这是最后一件事了，你能不能快派辆卡车来把那台洗衣机从我的地下室运走？’

“我问他出了什么事，他太急了几乎答不出话来。

“他喊道：‘都不能转了，衣服都搅在了一起，我的妻子快讨厌死了，也快烦死了。’

“我请求他坐下来，详细地解释一下。

“‘我没时间坐了，快迟到了。我希望再也不会到这儿来买电器了。相信我，再也不会了。’他敲着桌子，碰倒了我妻子的照片。

“我说：‘你看查理，如果你肯坐下告诉我一切的话，我答应，你让我做什么，我就做什么。’接着他坐了下来，我们平静地谈了起来。”

并不总可能将对话加入你的演说之中，但在上面的摘录部分中，你会看到交谈中直接引用的对话对于听众而言，有助于使得小故事更富戏剧化。如果演说者再有一些模仿的技巧，则对话会变得更为有效。而且，对话使你的演说更为可信，因为它属于日常生活中的交谈。它使你的演说听起来就像有一个人坐在餐桌前与你交谈一样，而并不像一个老学究在一个饱学的学会成员面前朗读自己的论文，或者如同一位演说家对着麦克风夸夸其谈。

通过示范使你的演说可视化

心理学家告诉我们，超过85%的知识可以通过视觉印象获得。无疑这解释了电视及娱乐媒体的广告画面所产生的巨大效果。当众演说也是一种视觉化、听觉化的艺术。

以细节丰富演说的最佳方式之一是将视觉化的演示融入其中。你可能用几个小时只是为了告诉我如何挥动高尔夫球杆，而我可能已经厌烦了。但如果站起来展示一下如何把一个高尔夫球打入直道，我们也都耳闻目睹了这个演示。类似地，如果你描述在你手臂操控之下，飞机如何左右摆动，我们更会认为你的结果就是与死神擦肩而过。

我记得在企业界人士培训班举行的一场演说，就是细节视觉化的一次杰作。某个演说者正在善意地嘲弄监督员和效率专家们。这些绅士们检查每个损坏的机器时那种姿态及滑稽的身体动作，他都加以模仿，比我曾在电视上看到的任何节目都逼真生动。此外，对情节的视觉化使那次演说毕生难忘——对我个人来说将永远不会忘记这件事，而我坚信那个培训班上的其他成员也将会时时谈起这次演说。

如何让自己的演说可视化？有一个好主意，即不断反问自己："我怎么能把一些可视化的情节融入演说当中？"然后演说时加以示范，诚如中国古语云：百闻不如一见。

四、用具体、熟悉的话语描绘场景

每一位演说者的首要目的都是吸引听众的注意力，而在此过程中，有一个方法则最为重要，然而也只有它经常被忽视。普通的演说者看起来并没有意识到它的存在，他也可能从不会考虑到它。我所说的就是这样一个过程，使用那些描绘场景的词汇。明快易懂的演说能够使一幅场景活灵活现地浮现在听众眼前。模模糊糊的、平平常常的、毫无色彩的演说则只能使听众昏昏欲睡。

画面、画面、画面。它们如你呼吸的空气一样自由。为你的演说、交谈点缀上一幅幅画面，你的演说将会使人更愉快且更富感染力。

赫伯特·斯宾瑟，在他的一篇著名的小品文《哲学形式》中指出，语言的优越性在于能产生出明亮的画面。

“我们不是作抽象笼统的思考，而是作清晰具体的思考……我们应该避免使用如下的句子：

“‘一个民族的行为和习性如果是残忍而野蛮的，那么他们的刑罚规则也将是极为严厉的。’

“我们应该这么书写：

“‘如果人们偏好战争、斗牛以及角斗，那么他们将会用绞刑、火刑以及拷打作为惩罚。’”

描述画面的语句在《圣经》及莎士比亚著作的字里行间不断喷涌而出，就像围着酿酒厂飞舞着的蜜蜂一样。比如说，普通作家描述某个事物“多此一举”，在莎士比亚笔下是如何表达的呢？他用了这样永世传诵的描绘性语句：“给黄金上光，给百合着色，给紫罗兰喷洒香水。”

你曾经驻足想过那一代代传承下来的谚语吗？他们几乎都可以产生视觉效果，如“二鸟在林，不如一鸟在手”“不鸣则已，一鸣惊人”“牛不喝水强按头”等，一辈辈传了几个世纪。频繁使用的各种比喻也都充满了视觉效果，比如说，“像狐狸一样狡猾”“平坦如砥”“坚如磐石”。

林肯很擅长用有视觉效果的语言发表演说。他对白宫办公桌上那些冗长的、复杂的、烦琐的汇报颇为反感。他不会用那些乏味无趣的语言，而是使用那些有视觉效果的语句，这样的句子也几乎不可能被人们忘怀。他说：“当我委派一个人去买马时，我并不想被告知这匹马尾巴上有多少毛，而只想知道它的一些特点。”

你的眼光喜欢具体而明确的事物吧。用它绘制你精神上的画卷，它特点突出、鲜明清晰，就如同落日余晖下牡鹿鹿角的侧影一样。比如说，“狗”这个词唤起了对于这样一只动物或多或少明确的画面——可能是一只英国小猎犬，可能是一只苏格兰小猎犬，一只圣伯纳犬，或是一只波美拉尼亚小狗。可以注意到：当某人提到“牛犬”时——这个词含义并不太广泛，那么又有多少更加明确清晰的画面进入你的脑海？而“一只斑点狗”是否唤起你更独特的画面？“一匹黑色雪特兰小马”是否比“一匹马”这个词更具活力呢？而“一只缺了腿的矮脚小公鸡”又是否比“一只家禽”更具有明确具体的视觉效果呢？

在《时尚的要素》一书中，小威廉·斯特朗描述道：“如果那些研究写作艺术的人们在某一点上一致的话，那么产生吸引读者注意力的最有把握的方法就是使文章详细、明确而又具体。最伟大的作家，如荷马、但丁和莎士比亚，都极其高明，因为他们擅长处理、描写与事件有关的详情与细节。他们的语言常唤起人们的想象。和写作一样，演说也是如此。”

几年前我曾在快速演说培训课的一次会议上进行过试验。我们采用了一项规则，即在演说者所谈的每一句话中或者要有事实，或者要有恰当的名字、数字及日期。结果是革命性的。这个班的全体成员玩了一个游戏，互相指出对方的概括性语句。不久以后，他们在高谈阔论时，语言不会再像笼罩在听众头上的一片乌云，而是街谈巷议中人们所使用的简明快捷、富有活力的语言。

法国哲学家阿兰说过："一种抽象的风格并不好。你的句子应该充满了石头、金属、椅子、桌子、动物、男人和女人。"

日常的交谈也应如此。实际上，有关当众演说中情节的使用，本章所说的一切均可适用于一般化的演说。正是细节使得交谈生机勃勃、光彩非凡。任何打算成为更富实效演说家的人都可从本章所蕴含的建议中获益。销售员在进行营销展示时，会发现细节具有一种神奇的魔力。那些经理、家庭主妇和教师会发现，通过具体实际情节的使用，在诸如下达指令、传达信息等方面都得到了极大的改善。

第五章

使演说更生动

就在第一次世界大战之后，我在伦敦与洛威尔·汤玛斯共事。一个星期天我步入海德公园，他正发表有关阿拉伯半岛上艾伦比和劳伦斯的精彩演说，全场听众爆满。在靠近大理石拱门的地方，每一个教派、肤色、政治派别和宗教信仰的演说者都可以自由地、不受法律干涉地发表他们的观点。过了一会儿，我听到一个天主教徒阐述罗马教皇教义的绝对正确性，接着我走到了另一群人旁边，打算听一听社会主义者关于马克思的演说都谈了些什么。我漫步到另一位演说者身边，他正解释为何一个人有四个妻子是正确恰当的！然后我离开了，回头再看看那三群人。

你相信吗？谈论一夫多妻的那个家伙只有非常少的人听他演说！另两位演说者周边的人数则每分钟都在增加。我自问为什么？是主题有什么不同吗？我认为不是。正如我所看到的，原因在于演说者自身。正在谈论有四个妻子优点的人看起来自己对此并不感兴趣。但另外两位演说者，几乎纯粹从与其观点对立的角度出发大发议论，他们完全投入到了各自的主题当中。他们谈论生活与精神，神采飞扬，手臂不断挥舞，他们的声音回响着自信。他们散发着真诚与活力。

活力、生命力和激情——我一直认为，这些都是对于一个演说者而言首先必需的品质。人们聚集在精力充沛的演说者周围，就像火鸡围绕在秋天成熟的麦田周围一样。

富有活力的演说使你的听众注意力集中，而你该怎样得到这种品质呢？在本课程的这一章里，我将讲授三种绝妙的办法，以帮助你将热情与兴奋融入你的演说之中。

一、选择你真心想讲的题材

第三章强调过深入挖掘主题的重要性。如果不在情绪上投入所选择的题材，那么你就不要指望听众对你的演说深信不疑。显然，如果你选定了一个题目，是因为对它有着长期的体验，比如说，一种爱好或对消遣的追求，或者因为对那个题目有着深刻的反思以及个人的关注（比如说，你认为你所在的社区建一所好学校是十分必要的），那么你就会毫不费力地兴奋地谈论那个题目。二十多年前我在纽约市的一个培训班上听到过一名学员发表演说，他生动地演示了真诚的说服力量。我已听过了很多场具有说服力的演说，但只有那一场，我称之为“兰阜对山胡桃木灰”的案例，成为真诚战胜常识的绝佳例子。

本市最为知名的一个销售组织里，一个优秀的销售员曾作出一段非常可笑的论述：说他能够使兰草在没有种子、没有草根的情形下生长。按照他的说法，在新耕的地上铺上山胡桃木灰。变！兰草就出现了！他倔强地认为山胡桃木灰，也只有山胡桃木灰，有助于长出兰草来。

评论他的演说，我平静地对他指出，他惊人的发现如果是真的话，那他早就是百万富翁了，因为一蒲式耳兰草的种子价值几美元之多，而且他还将成为历史上杰出的科学家。我告诉他，没有人（无论健在还是已故）实践过他所声称的奇迹：没有人能够从没有生命的物质当中培养出新的生命。

我极其平静地告诉他，因为我感到他的错误如此明显，又如此荒唐，无须再驳斥什么。我一说完，班上其他学员都看到了他言论的荒谬。但他对此视而不见，连一秒钟都没有，他对自己的观点坚信不疑，并死硬到底。他迅速作出回应，告诉我说他没错。他争辩说，他虽没有相关的理论，但是有出于他本人的经历。他知道他讲的是什么。他继续谈着，进一步对他的观点进行详细阐述，提出了其他材料，列出了额外的证据，其声调中流露着真诚。

我再一次告诉他，他根本不可能是对的，一点也不对。不过一秒钟后他再次站了起来，提出和我赌5美元，让美国农业部解决这个问题。

你知道发生了什么吗？班上几个学员竟然站在了他那一边。其他很多人也开始产生了怀疑。如果我举行投票的话，我敢说班上超过一半的人不会支持我。我问他们什么使他们对原有的观点发生了动摇。他们一致说是那位演说者的热心、信心，他如此精力十足地描述，致使他们开始怀疑自己的常识。

好的，面对他们的轻信，我不得不写信给美国农业部。我非常惭愧，向他们问了这么荒唐的一个问题。他们答复说，当然不可能从山胡桃木灰中得到兰草或其他生命，而且他们还附上了他们从纽约收到的另一封信，问的是同样的问题。那位销售员对于自己的观点坚信不疑，于是也给农业部写了一封信希望得到证实。

这件事令我永生难忘。如果一个演说者足够至诚地相信一件事，谈起它来也足够至诚，则会让更多的拥护者支持他的观点。即使他声称能从垃圾、灰烬当中种出兰草来，也会有人相信。如果我们用足够的真诚和热心来宣讲正确的常识或真理，那该会有多大的力量让人信服啊。

几乎所有的演说者都想知道他们的题目是不是吸引听众。有一种办法可以确保他们感兴趣：点燃你对于这个题材的激情之火，保证你的演说将毫不费力地吸引他们。

不久以前，我听到巴尔的摩一个培训班上的某个学员劝告他的听众说：在切萨皮克港湾如果继续采用目前这种捕捞石鱼的方法，那么这个物种将不出几年就会灭绝！他对于这个题材很感兴趣。这点很重要。他也对这个题材表现出了极大的热心。有关这件事的一切以及他的态度都充分表明了这一点。当他发表演说时，我不知道在切萨皮克港湾还有石鱼这样一种生物。我想象得出，在场的绝大多数听众同我一样没有这方面的知识，对此并不感兴趣。但是在这位演说者尚未结束演说之前，我们所有人可能都愿意签署请愿书来请求立法保护这种石鱼了。

美国驻意大利前大使理查德沃·什伯恩·乔尔德，是怎样成为当时一名极富有魅力的作家的？关于这一点，有人曾问他秘诀何在。他答复说：“我对生活怀有极大的热情，以至于我不能保持安静。我只想要告诉人们有关一切。”与那样一位演说家或作家相伴，一个人不可能不为之所吸引。

我曾去听过伦敦一位演说者的演说。在他结束之后，我们团体的一位成员——知名作家E.F.本森先生评论说这篇演说的最后部分比开头更令人快乐。当我问他原因的时候，他回答：“这位演说者看起来对最后一部分更感兴趣，我总是感受到演说者在散发着热情和快乐。”

还有一个例子，可以说明选择主题的重要性。

一位绅士，我们姑且称之为弗莱恩先生，报名参加了华盛顿特区一个培训班。一天晚上刚上课时，他发表演说描述美国的首都华盛顿。他匆忙而又肤浅地列举了一些搜集来的信息，而这些信息不过是从当地报社出版的一本小册子得来的。这些信息枯燥、无序，也没有经过分析吸收。虽然他在华盛顿住了多年，但他并没有给出一个个性化的例子说明他为什么喜欢这个城市。他只是列举了一系列单调的事实，他的演说使得听者感到痛苦，而他本人也感到难受。

两周以后，一件事把弗莱恩先生折腾得很惨：在他的车停在街口的时候，有人开车撞烂了他的新车，之后扬长而去，身份不明。弗莱恩先生还不能领取保险，他不得不自己埋单。这件事可真是来源于他的切身经历了。当他谈到自己被撞坏的新车时，他的语言喷涌而出，激动万分，像维苏威火山爆发一样。两周前还在为弗莱恩先生的演说感到头痛的同学们，现在对他报以热烈的掌声。

正如我一再指出的，如果你挑选了正确的题目，那么你想不成功都很难。有一类主题一定引人关注，那就是你的信念！你确保对你生活的某个方面有强烈的信念。你不必四处寻找这些题材——他们一般都存在于你思维意识的层面，因为你常常会考虑它们。

不久前，有关死刑惩罚的立法听证会在电视上举行。许多证人被要求就这个争议性的话题从正反两方面谈出他们的观点。他们中有一个是洛杉矶警察局的探员，他显然对此话题有很多想法。他有十一个同事死于与罪犯的枪战之中。所以他强烈地支持对罪犯定重罪。怀着无比的真诚，他倾心而谈，并真心相信自己是正义的。历史上的辩论中，最大的吸引力完全出自于一个人极其深刻的信念和感情。忠诚依赖于信仰，信仰则出于心声，出于对想说的事情充满了温馨的感情，出于头脑中对所要讲述的题目的冷静思考。“心灵世界自有其理，非人之理智所能企及。”在多次培训课上，我在多个场合都验证了帕斯卡这句强有力话语的正确性。我记得波士顿一位律师，他幸运地拥有一张出众的脸，谈吐非常流畅。但当他结束演说时人们总会对他说："好聪明的小伙子。"他留给了人们一个很外在的印象，因为在他华丽言辞的背后人们永远看不出他有任何的感情。在同一个培训班上，有一个保险推销员，他虽然身形瘦小，容貌并不出众，但他说话时时字斟句酌，他认真的样子让任何听众都能感受到他的真诚。

亚伯拉罕·林肯在华盛顿福特剧院的总统包厢中遇刺几乎有一百多年了，但是他生命及言辞当中那深深的真诚仍与我们相伴。就法律知识而言，那个时代其他的很多人都要胜过他。他虽缺少优雅、顺畅及精致，但是他在葛底斯堡、古柏联盟以及华盛顿美国国会山台阶上的演说，那种诚恳忠诚历史上无人可比。

有人曾说自己并没有强烈的信念和热情，当然你可能也会这样说。我总是对此有点吃惊，我建议他要为某件事忙碌起来并对之兴趣盎然。他问："比如说什么事？"我非常失望但还是回答道："比如鸽子。""鸽子吗？"他以困惑的口吻对我说。而我告诉他："是的，鸽子。到广场上看一看它们，给它们喂食，再去图书馆阅读有关的资料，之后返回跟我们谈谈它们。"他这样做了。当他回到那儿的时候，他无法抑制住自己的感情。带着爱好者的狂热，他开始谈论起鸽子来。当我试图让他停下来时，他正说有四十多本书谈起了鸽子，所有这些书他都通读了一遍。他的演说是我所听过最有趣的演说之一。

我还有一条建议：对于你认为非常好的一个题目，要学习与它有关的更多的知识。你了解得越多，你就会变得越加真诚热心。《销售的五大法则》一书的作者帕西·H.怀亭先生曾告诉销售员，永远不要停止对所售商品的学习。正如怀亭先生所说的："你了解一个好产品越多，你就会对之越加的热情。"你的题目也是如此——你对它了解得越多，你就会对它充满更多的真诚与热心。

二、再现你对题目的感觉

假定你想告诉听众一个警察因你超速一英里将你拦截住的故事，你当然可以以一个旁观者冷静的态度讲述这一切。但这事发生在你身上，你就会有某种感受，你就会用非常明确的语言表达出这种感受。以旁观者的立场讲述并不能给你的听众留下深刻的印象。他们想确切地知道警察抄罚单时你又是怎么想的。所以，你越是清楚生动地描述当时的场景，或者反应你当时的情感，你就越能更加鲜活地表述自我。

我们去看影视剧的原因之一就是我们想去听听、看看剧中人物情绪的表达。我们非常害怕当众宣泄自己的感情，以至于我们不得不去看电视剧以满足情感表达的需要。

因此，当你当众演说时，你所表现出的热忱与你当初投入的热心程度有关。不要抑制你诚实的感情。更不要遏制你诚挚的激情，向听众展示出你是多么渴望谈论你的主题，他们就会被你的讲述所吸引。

三、真诚表现

当你走到听众面前开始演说时，应该满怀期待，而不是像一个将要上绞刑架的人一样战战兢兢。步履的轻快可能很大程度上是装出来的，但却为你创造奇迹，会让听众认为你非常希望谈论自己想说的事情。在你开始之前，深呼吸，离那个桌子或讲台远着点，高抬头扬起下巴。你将告诉你的听众很有价值的东西，你身体的每一部分都应该明确无误地告诉他们。你自己现在就是统帅，正如威廉·詹姆斯所说的，就算表现得好像是这样也可以。如果你努力把声音传到了大厅的后方，声音将使你更加具有信心。一旦演说过程中你开始作出各种手势姿态，它们会使你更振奋。

“激发我们的反应”这条原则，正如杜纳德和埃雷诺·莱德所描述的，能够应用于需要精神意识的各种场合。在《有效记忆技术》一书中，莱德等人指出，西奥多·罗斯福总统富有活力、精力充沛、气魄恢宏而又热情澎湃地度过了一生，而这些都成为他的显著特征。他在处理每一件事时，总是非常有趣，或者假装这样。罗斯福实际上就是威廉·詹姆斯哲学活生生的代表人物：“表现得真挚，自然你做一切事情都会十分真挚。”

所以最重要的是，记住这一点：表现得真诚将会使你感到真诚。

第六章

与你的听众分享演说

罗素·康威尔的著名演说《钻石宝地》先后进行过六千多次。你会认为如此频繁的一场场演说会深深印入演说者的脑中了吧，那么在演说中就不会有一个词乃至语调会发生变化吧。并非如此。康威尔博士深知听众有别。他认识到他必须使每一个前来的听众感到他的演说是专为他们而设的活生生的演说。在一场接一场的演说中，他是怎样成功地保持了演说者、演说和听众之间这种内在联系的呢？他写道："我到一个小镇或城市去演说，总是试图尽早一些到那儿看看邮政局长、理发师、宾馆经理、中学校长和一些政府官员，接着进入商店与人们攀谈，了解他们的历史以及他们所面临的机遇。接着我才发表演说并与那些人谈论只适用于当地的话题。"

康威尔博士完全意识到成功的交流取决于演说者如何很好地使他的演说成为听众的一部

分，同时听众也成为演说的一部分。《钻石宝地》这样一场最受欢迎的演说，现在连一本真正的演说辞副本都找不到，也正是这个原因。由于对人类本性的深度探查以及他刻苦的努力，虽然康威尔博士就相同的题材针对不同的听众发表了几乎六千场演说，但是他从没有重复过一次他的演说。你能从这个事例中获益，即确定你的演说总是为心目中特定的听众而准备。有一些简单的规则将有助于你构建与听众和睦融洽的感情。

一、根据听众的兴趣发表演说

这确实就是康威尔博士所做的一条。他重点强调在演说中插入当地人的谈话和事例。他的听众很感兴趣，因为他的演说牵涉到了他们以及他们的兴趣和相关问题。听众对与他们自己有关的这种联系最感兴趣，这种联系会具有很大的吸引力，并确保沟通渠道一直畅通开放。美国商会前主席及现任动画业协会主席埃里克·琼斯顿，在每一场演说中都使用了这一方法。注意他在俄克拉荷马大学毕业典礼上的致辞，运用了当地人感兴趣的话题是多么的明智啊。

“俄克拉荷马人，对于惯于散播流言蜚语的小人来说那是再熟悉不过了，各位稍微回想一下便能记起他们不久以前还将俄克拉荷马在书中描绘成为一片没有希望的不毛之地。

“为什么，在20世纪30年代，所有绝望的乌鸦都告诉其他乌鸦避开此地，除非它们带有足够的口粮。

“因为他们把俄克拉荷马永恒的将来归为新美国沙漠的一部分。他们说，那里没有什么东西会再度兴旺起来。但是在20世纪40年代，俄克拉荷马成为花园之都，并成为美国百老汇交口称赞之处。因为那里‘当雨后和风拂来，麦穗摆动，谷物飘香。’

“在短短十年之内，玉米就铺满了过去的不毛之地，而那玉米杆长到大象眼睛那么高。

“这是忠诚所带来的结果，也是有计划的冒险所带来的结果。

“因此，当我们依托过去看我们这个时代的时候，应该可以看到更美好的前景。

“在准备来这儿时，我查了有关1901年春季《俄克拉荷马日报》的档案，希望能够截取到50年前这片土地上生活的片断。

“我发现了什么呢？

“我发现报上所描述的全是俄克拉荷马的未来。人们把重心放在了对未来的希望之上。”

这是根据听众兴趣发表演说的一个非常好的例子。埃里克·琼斯顿从听众所处背景出发使用了风险补偿这个事例。他使他们感到他的演说并不是复制品——而是为他们新近创作的。人们都不愿意把注意力从演说者身上移开，因为他正谈论他们感兴趣的话题。

自问一下你的话题中所蕴含的知识将帮助你的听众解决怎样的问题、达成怎样的目标。然后讲给他们听，你就会完全吸引他们。如果你是一个会计师，你可以这么说来开始你的演说：“我将向你们说明如何在你的纳税申报单中省下50到100美元。”或者你是一名律师，你可以告诉你的听众如何设立遗嘱。你都将肯定得到听众的青睐。事实上，你的知识储备中，必定会有某个话题因有足够的知识积累而对听众有所帮助。

有人问英国报业巨头赫斯特集团的诺思克利夫爵士，什么能吸引听众时，他回答说：“他们自己。”他正是基于这一单纯的事实建立了报业帝国。

在《思想的酝酿》一书中，詹姆斯·哈维·罗宾逊先生描述幻想为“一种自发的、快乐的想象”。他继续说道，在幻想中，我们允许自己的思想沿着自己的路行驶，这条路由我们的希望与恐惧、我们自发的渴望所决定；它们的成功与挫折则由我们的喜好与厌恶、我们的爱与恨以及怨怒所决定。对我们而言，世上没有什么比我们自己更令我们感兴趣的了。

费城的哈罗德·德怀特在培训班最后一次宴会上发表了一篇特别成功的演说。他按顺序谈起了餐桌旁的每一个人，当培训开始时这个人是如何演说的，如何得到了提高。他还回忆起不同学员所作的不同演说，他们所讨论过的话题。他模仿学员中的一些人，夸大它们的特点，使班上每一个学员都笑了起来，使每个人都非常满意。有了这些材料，他就不可能会失败。那绝对是理想的题材。还有什么话题能比这个更让大家感兴趣的呢？德怀特先生真的了解了如何把握人性。

几年前我曾为《美国杂志》撰写了一系列的小文章，并有机会与约翰·西德尔交谈。他那时负责"趣味人物专栏"。

"人类真是自私，"他说，"他们只是对自己很感兴趣。并不太关心政府是否应该拥有铁路，但他们确实想知道如何得到晋升，如何获取高薪，如何保持健康。如果我是这篇杂志的编辑，"他继续说道，"我会告诉他们如何保养自己的牙齿，如何在夏季保持清凉，如何得到一个职位，如何控制下属，如何买房，如何记住事情，如何避免犯语法错误，等等。人们总是对个人的趣味故事感兴趣，所以我会让一些富人讲述如何在房地产业赚到了一百万。我会请杰出的银行家和大公司的总裁讲述他们如何艰苦奋斗从底层达到财富和权力的顶层。"

不久以后，西德尔先生被任命为总编。这份杂志那时只有很小的发行量。西德尔怎么说的就怎么去做。结果呢？杂志发行量攀升到二十万份，三十万份，四十万份，后猛增到一百万份。因为它的内容是人们想要读到的。很快一个月有一百万人去购买它，接着达到一百五十万人，最后达到两百万人。而且并没有就此停止，发行量又继续上升了许多年。西德尔真正满足了读者们的兴趣。

下次当你面对听众的时候，把他们设想为盼望听你要说些什么的人——只要你的话题对他们适用。一个演说者如果没能考虑到听众的兴趣所在，那么他很快就会看到听众坐立不安，最后对演说极度厌烦，不断看表，并焦虑地看着出口。

二、给予最真诚的欣赏

听众由个体组成，他们表现起来像个体一样。公开对听众的批评只会让他们对你不满。对于他们所做的事情，只要值得赞扬，就展示出你的赞美之情，这样你就获得了他们心灵之门的护照。但这要求你自己经常做一些研究。因为如若你的赞美是一些夸张的甚至肉麻的词句，比如，“自我从作演说以来，各位是最明智的听众了”，这样的奉承话只会被当作空洞的套话为大多数听众所厌恶。

伟大的演说者乔西·M.迪普说过，你必须“告诉他们有关自身的事情，并且那些事情是他们认为你不可能知道的”。比如说，有个人最近在巴尔的摩基瓦尼俱乐部发表演说，他发现这家俱乐部除了其成员中拥有过一位国际会长及国际董事之外，并没有什么特殊的地方。这对于这个俱乐部的会员而言并非新闻。所以他试图给出一个新的观点作为话题。他以这句话开始谈起：“巴尔的摩基瓦尼俱乐部是101 898个基瓦尼俱乐部中的一个。”全体会员听后都认为这位演说者弄错了，因为基瓦尼俱乐部在全球范围内只有2897家。演说者继续说道：

“是的，即使你不相信，那仍是一个事实，至少从数学上看是这样，你们的俱乐部就是101 898个俱乐部中的一个，不是100 000个也不是200 000个当中的一个，而确实就是101 898个当中的一个。

“我怎么数出来的呢？基瓦尼俱乐部仅有2897个成员俱乐部。好的，巴尔的摩分部曾有过一位国际会长和国际董事。从数学上看，一个基瓦尼俱乐部同时出现一位国际会长和一位国际董事的可能性为101898分之一 ——而这个数字之所以正确，是因为那是一位约翰·霍普金斯博士为我算出来的。”

在你表达你的赞美的时候，一定要百分之百的真诚。一段虚伪的描述可能偶尔欺骗一个人，但永远不可能欺骗所有听众。别用诸如“这是非常聪明的听众……”“这是霍霍克斯美女和骑士们的特别聚会，新泽西……”“我很高兴在这里，因为我爱你们每一个人……”之类的话表达你的赞赏，千万不要这样！如果你不能展现你真诚的欣赏，那就不要去做！

三、与听众合而为一

尽可能在你演说中的头一句话，表明你与所要面对听众之间的直接关系。如果你很荣幸应邀发表演说，就这么说吧。当哈罗德·麦克米兰在印第安纳的德堡大学对毕业班学生发表演说时，在第一句话里他就建立了有效沟通的渠道。

“我非常感谢你们欢迎辞的友好，”他说道，“作为大英帝国的首相，应邀来到你们这所伟大的大学，真是非比寻常。但是我想我目前的政府职位可能并不仅仅是你们邀请我的主要原因。”

接着他提起她的母亲是一位美国人，出生在印第安纳，而她的父亲则是德堡大学第一届毕业生之一。

他说：“我向各位保证，与德堡大学有着这样的关系我引以为荣。而且重新恢复这种古老的传统也让我非常自豪。”

你可以确信，麦克米兰提到了他母亲和外公所了解的美国大学及生活方式，这都使他立刻得到了很多朋友。

另一个打开沟通渠道的方式就是使用听众当中人们的名字。我从前在一次宴会上与一位主要的演说者毗邻而坐，我很惊讶他对于大厅里不同人们有着极大的好奇心。整个餐会期间，他都在不停地问着司仪餐桌旁穿着蓝色西服的男士是谁，或者戴着花帽的女士又是哪一位。当他开始演说的时候，很快我就明白了为什么他如此好奇了。他非常聪明地把一些刚了解到的名字融进了他的演说之中。我能够察觉到：在那些名字被提及的人脸上浮现出快乐的神情，我感到听众们善意的友好，而这种友好是演说者利用这种方法赢得的。

看一看小富兰克·佩斯作为通用动力公司总裁发表演说时，如何将名字融入其中而获益的吧。下面是他在纽约的全美生命宗教公司年度餐会上发表的演说：

“从很多方面来看，对我而言，今晚都是一个令我深感愉快且富有意义的夜晚，”他说，“首先，我自己的牧师利夫兰的罗伯特·艾坡亚今天在这儿成为我的听众。他的话语、行为及领导，使他对我个人、我的家庭及我们这个团体都成为一种激励……其次，路易斯·斯特劳斯和鲍勃·史蒂文斯对宗教的热情已经扩大到对公共事业的热情，坐在二人之间成为本人的莫大荣幸。”

我还有一句忠告，如果你把比较奇特的名字融入演说之中，尤其是通过询问获得的名字，你要保证他们完全正确；你要保证完全理解使用这些名字的理由；保证仅以恰当的方式提起它们，并且适当地使用它们。

另一使听众保持高度关注的方法是使用代词“你”而不是第三人称“他们”。用这种方法你将使听众保持一种亲自参与进来的感觉，即我早先指出的，如果演说者使听众保持住对演说的热情和关注，则他们就不会为听众所忽视。以下节选自纽约培训班其中一位学员的演说，他谈论的是有关硫酸这方面的问题。

“硫酸涉及你生活中的方方面面。如果没有硫酸，你的小轿车就无法停下来，因为它被广泛用于煤油、汽油的提炼。没有它电灯也无法照亮你的办公室和家庭。

“当你放水洗澡的时候，要用镀镍的水龙头，而在制造过程中它需要硫酸。你所使用的香皂可能由经过硫酸处理的动物脂肪或油脂制造出来。刷子上的毛及赛璐珞梳子没有硫酸根本无法制造出来。毫无疑问，你使用的剃刀在制造的过程中也离不开硫酸。

“你坐下来吃早餐，如果你使用的杯子和碟子不是纯白色，没有硫酸就制作不出来它们。你的勺子、小刀和叉子只要是镀银的，都会有硫酸的使用。无论走到哪里，你都无法脱离它的影响。”

熟练地使用“你”这个词，并把听众融入演说之中，演说者能够保证演说的生动精彩、热情洋溢。然而也存在某些情况，“你”这个词可能在演说者与听众之间造成裂痕而并非是搭建起桥梁，这时使用“你”是危险的。当看起来好像是我们在教训听众或对他们指手画脚的时候，这种情况就会发生。这时最好说“我们”而不是“你们”。

全美医疗协会的健康教育理事W.W.鲍尔博士经常在广播电视访谈节目中采用这一技术。在一次访谈节目中，他说：“我们都想知道如何选择一个好的医生。而如果我们从医生那儿享受到了优质的服务，难道我们不该知道怎样才能成为一个好的病人吗？”

四、让听众成为演说中的一员

采用一些小技巧促使听众关注演说中的每一句话、每一个词，对你来说，这样的情况是否发生过呢？有时候，你从听众中挑选某个人帮助你演示某一观点或者将之戏剧化，听众对你演说的关注将会有显著的加强。当听众中的人被演说者带入“表演”当中时，他们就会渴望知道所发生的一切。如果讲台上的人与听众之间存在隔阂的话，正如很多演说者所说的，听众参与这一技巧的使用就会消除隔阂。我记得一位演说者解释在刹车制动后，小轿车由于惯性还要行驶一段距离。他邀请前排的一位听众站起来帮助他演示一下这段距离随车速不同而发生了怎样的变化。这位听众拿着卷尺的尾端，顺着过道把它拉出四十五英尺的距离，他恰好在第一个标志处停住了。当我关注这一过程时，我无法不注意到现场所有听众都全神贯注于这场演说当中。我暗自想，卷尺测量，以及对演说者观点的图形化描绘确实都使得演说者与听众之间的沟通渠道畅通无阻。若不用上这样切实可行的小技巧，听众可能关注还是晚餐将吃什么或者电视上将有什么节目。

吸引听众参与最合适的方法之一就是简单地问几个问题，并得到答案，我喜欢让他们起立发言，跟着我重复某一句话，或者举手回答问题。帕西·H.怀亭先生，在其著作《如何将幽默融入你的演说及写作》中就听众参与这一话题提出了一些有价值的建议。他建议让听众就某事举行投票，或者邀请他们帮助你解决问题。怀亭先生说："确保你自己的思想是正确的，思想正确的状态能让你的演说不像是在背诵，可以让你的演说获得听众的反应，使听众成为整个事件的参与者。"我非常喜欢把听众描述为"整个事件的参与者"。这也正是我们这一章全部的关键所在。如果你采用了听众参与这一方法，你就会赋予听众演说参与者的权利。

五、放低姿态

当然了，在演说者与听众之间，真诚是无可取代的。诺曼·文森特·皮尔曾经给一位牧师提出几条非常有用的建议，这位牧师在布道过程中感到很难使听众对之保持关注。皮尔于是要求这位牧师每周日的早上询问自己对所要布道的人们是否具有这样的感情，即他喜欢他们吗，他想帮助他们吗，他是否认为他们是劣等的呢。皮尔博士说，在他走上讲台时，从来没有如此强烈的感情想要影响所面对的男男女女。演说者如果自认为在精神上或社会地位上高高在上，听众都能听得出来。确实对于演说者而言，让自己为听众所喜爱最好的一个办法就是要放低姿态。

缅因州的国会议员埃德蒙·S.马斯基在波士顿对全美司法协会进行演说时，对这一点进行了表述：

“今天早上，我着手制定自己的安排，心里是有些疑问的，”他说，“其一，我深知这批听众都具有专业水平，在你们这样尖锐的眼光中显现自己的浅陋无知并非明智之举。其二，这是一次早餐会——这几乎是一个人警觉性最差的时刻，如果演说失败对一位政治家而言是致命的。其三，我的演说题目是：辩论对我的公仆生涯有何影响，只要我积极投身政治活动，其影响是好是坏，我的选民在观点上都可能会出现尖锐的分歧。

“面对这些疑问，我感到自己非常像只蚊子，无意间闯入了天体王国，不知从哪儿开始好。”

马斯基议员如此放低姿态的开场白，使他完成了一场精彩的演说。

亚德莱·E.史蒂文森在密歇根州立大学毕业典礼致辞刚一开始，就放低姿态。他说：

“我记得有人问萨穆尔·巴特勒先生该如何很好地度过一生，他回答说：‘我连如何更好度过接下来的十五分钟都不知道呢。’我对接下来要为大家带来演说的二十分钟同样不知该如何更好地度过。在这样的场合，我总是力不从心。”

引起听众反感最可能的方式就是表明你认为自己高高在上。当你进行演说时，你就如同在展示柜中，而个性的每一面都展示在听众面前。稍稍一点小小自夸都可能会导致失败。另一方面谦虚谨慎会激发你的信心和亲和力。你可以非常谦虚但无须过于畏首畏尾。只要你表明你决定尽最大能力讲好，即使提及自身的才识所限，你的听众也将会喜欢你，尊重你。

美国电视界是要求极为苛刻的行业，每个时期一流的电视人也都会经历极其严酷的竞争。年复一年的竞争，其中一个幸存者就是埃德·苏利文，他不是一个专业的电视人，而是一个新闻从业人员。在这样一个残酷的竞争圈子里他只是一个业余者，他能幸存下来只是因为他认定自己是业余的，并不将自己看得很高。在镜头面前他的一些言谈举止不太自然，对其他人而言，这可能会成为一种障碍，但是这些缺点对于苏利文先生来说却并无大碍。他双手托起下巴耸动双肩，拉扯领结讲话结巴，人们批评他，他也不去计较。甚至每一季他都会请一位天才的滑稽演员惟妙惟肖地模仿他，并夸大他所有的缺点。当表演者对着镜子如实地表演出来时，埃德·苏利文像其他每个人一样都会不受影响地哈哈大笑。他欢迎批评，听众因此也更喜欢他。听众喜欢谦虚。他们憎恶炫耀及以自我为中心的人。

亨利和丹那·李·托马斯，在他们的合著《宗教领导者传记》中，谈到了孔子："他从不会试图用其超凡的知识使别人不知所云，他只是试着用其宽广的同情心去照亮、启迪人们。"如果我们有这种宽广的同情心，我们就拥有了一把可以打开听众心灵大门的钥匙。

第三部分
即席演说及有准备演说的目的

现在我们详细阐述两种广为人们所认可的发表演说的方法，有准备演说和即席演说。

这部分内容，有三章介绍的是在临时准备的情况下，如何作以说服、说明为目的的演说。

另有一章讨论即席演说，它可能是具有说服性的、说明性的，或者当时必要的情况下具有娱乐性质的。

成功地应用临时演说或即席演说等方法，在演说者心中存在清晰框架的基础之上，可以最大限度保证一篇演说的总体目的不致偏移。

第七章

发表简短演说获得良好回应

在第一次世界大战期间，一位著名的主教，在厄普顿军营向军队发表演说。他们在行进过程中，只有非常少的人了解他们为什么被派往前线。我知道这点，我问过他们。然而主教大人则对这些人大谈什么“国际友好”以及“塞尔维亚在太阳下有权拥有一席之地”。为什么？他们之中一般的人根本不知道塞尔维亚是一个城镇还是一种疾病。他倒不妨就所谓星云假说发表一篇研究型演说。然而在他演说过程中，竟没有一个士兵离开大厅，因为在每个入口都有军警驻扎以防止他们离开。

我并不是贬低那位主教。他彻头彻尾就是一位学者，在一群教众面前他可能会很有说服力，但是对那些士兵他完全失败了。为什么？因为显然他既不知道这次演说的明确目的，也不知道怎样去完成它。

一场演说的目的究竟是什么？任何演说，不论演说者是否明了，都有下面四个主要目标中的一个。这四个目标是：

1. 说服听众采取行动。

2. 向听众说明情况。

3. 给听众留下印象并使他们信服。

4. 使人们快乐。

让我们通过亚伯拉罕·林肯演说生涯的一系列具体事例来描述上面这些观点。

很少人知道林肯从前发明了一个装置并获得专利，这个装置可以将搁浅的船从沙滩及其他阻碍中吊出来。他曾在律师办公室附近的一家机械店里工作，以制作他的机械模型。当他的朋友来到办公室观看这个模型时，他费了很大力气解释它。那个解释的主要目的就是说明性的。

当他在盖茨堡发表那篇精彩绝伦的演说时，当他连续两次发表总统就职演说时，当亨利·克雷死去而林肯就其生平致悼词时，所有这些场合，林肯的主要目的就是给听众留下深刻印象并使其信服。

在他对法庭陪审团辩解中，他试图得到满意的判决。而在他的政治演说过程中，他试图赢得选票。那么他的目的就在于说服听众采取行动。

在他当选为总统的两年前，林肯就他的发明准备了一场演说。他的目的在于使听众欢乐。至少那应该成为他的目标，但他在这个目标上显然并不太成功。实际上作为一个使人们快乐的演说者，他确实令人失望。有一次在某个小镇进行演说，竟没有一个人来听。

但是他在其他演说中却获得了显著的成功，其中一些已成为人们言谈的经典。为什么呢？很大程度上是因为在那些例子中他了解他的目标，他也知道如何达成此目标。

因为太多的演说者没能将他们的目的与所要演说的目标相一致，他们常常无所适从并且最终以失败而告终。

比如说，一位美国国会议员从前曾被听众喝骂、吹哨并强令离开纽约赛马场的讲台，只因为他无意间不明智地作了一场说教式的演说。人们不想被指指点点，他们想要获得快乐。他们耐心而又礼貌性地听他讲了十分钟，十五分钟，都希望这场表演快点结束。但并没有，他没完没了、喋喋不休，甚至声嘶力竭。听众无法再忍受了，一个人开始喝倒彩，其他人则跟进。过了一会儿，一千来人开始吹口哨大声叫喊。这位演说者，反应迟钝，没能察觉到听众的情绪，仍不知好歹地继续演说。这更加激怒了听众。一场战争继续向下进行，他们决定让他闭嘴。听众抵制的声音越来越大，最终咆哮、愤怒的声音淹没了这位议员的演说——二十英尺以外根本无法听到他的声音。最后他被迫放弃了，承认了失败，带着羞辱离开了讲台。

这个事例可以给我们带来如下启示：要使你的演说目的与听众及当时的场合相吻合。如果这位国会议员预先判定了其演说的说明性目的是否与政治集会中听众的目标相吻合，则他就可能不会招致惨败。将听众和所处场合协同分析之后，就要选择这四个目的其中一个作为演说目的。

为了在“演说构成”这个重要的方面给您指导，整个这一章都将讨论以说服听众采取行动为目的的演说。接下来的三章将讨论其他主要的演说目的：说明情况，给听众留下印象并令人信服，使听众快乐。每一种目的的演说都需要不同的组织处理模式，每一目的的演说也都有其艰难的障碍需要逾越。首先，我们来谈谈如何组织演说，才能使听众愿意采取行动。

是不是有什么方法可以帮助我们整理素材，以使得我们将有最佳机会成功促使听众按我们的要求行事呢？或者说做到这些只是一种碰巧呢？

回到三十年前，当我的培训班在全美国开始流行之时，我与同事讨论了这个话题。由于培训班的规模所限，我们对学员所发表的演说作两分钟的时限。当演说者的目的仅仅在于取悦听众或是起说明性的作用，则这个时限对于演说不会有任何影响。但当我们进行演说是为了说服听众采取行动时，情况就不一样了。当我们使用老套路，即引言、主体和结论——这一自亚里士多德以来很多演说家所遵循的结构范式时，演说就无法顺利进行了。我们需要一些新颖独特的方法，设计出两分钟演说以促使听众采取行动。

我们在芝加哥、洛杉矶和纽约举行会议。会上向我们所有的老师请教，他们中很多人都是一些最知名大学演说系的教师，其他一些人则在商业管理领域任职，还有一些人来自快速扩张的广告业以及促销业。结合他们所处的背景，考虑他们的智慧，我们希望得到一种演说结构的新方法，该方法效率更高，而且反映了我们时代对于心理学和逻辑学方法的需求，从而影响听众并促使其采取行动。

真没令我们失望，演说结构的魔术公式在讨论中诞生。我们开始在培训班中使用这一公式，并从那以后，我们一直都在应用它。魔术公式是什么呢？简单地说：第一，以详细的事例开始你的演说，绘图式描述你的主要意思，使听众理解；第二，以特别清晰的话语阐明你的观点，准确无误地表明你想让听众做什么；第三，说明原因，也就是说，按照你的要求，听众这么做了，他们能获得什么好处或收益。这就是非常适合我们快节奏生活的一条公式。演说者不再需要发表冗长的、漫无目的的介绍。听众都是由忙碌的人们组成的，要求无论是什么内容，演说者都要以直接的话语说出。听众已经习惯被消化了的、简洁的新闻模式，这一模式可以直截了当地阐明事实。他们为麦迪逊大街咄咄逼人的广告宣传所强烈驱使，这些广告以强有力的、明确的词语在公告牌上、电视屏幕以及报纸杂志中公布信息，每一个词都精雕细琢绝不浪费。通过使用魔术公式，你能够确保得到关注，并且使听众注意演说内容中的要点。它也能让你当心避免那些乏味无用的开场白，比如说，“我没有时间非常好地准备这场演说”，或者“当你们的主持人要求我就这个话题发表演说的时候，我想知道为什么他选中了我”。听众对抱歉和借口并不感兴趣，无论是真情流露还是虚伪塞责，他们需要行动。在魔术公式中，你要从开场白中就告诉他们要采取行动。

对于那些简短谈话此公式是非常理想的，因为它基于某种不确定性，听众会被你所谈到的故事所吸引，而直到故事结束前的两到三分钟，他们才会注意到你谈话的要点是什么，在需要听众采取行动的情况下，这几乎是非常必要的。如果演说者想要听众为一项活动从钱包中拿出钱来，不论其多么有价值，没有一位演说者会如此开场：“先生们，女士们，我想向在座每个人收取五块钱。”那样人们一定会争先恐后夺门而出。但如果演说者描述他去了儿童医院，在那里他看到了急需人们帮助的特别悲惨的情形，边远地区医院的小孩子需要做手术但缺少资金援助，接着寻求捐赠，从听众那里获得支持的可能性将会得到难以估量的提升。这个故事，这个事例，为期望中的行动预先铺好了路。

看一看尼兰·斯通如何使用事例预先进行引述，从而使听众支持联合国救助儿童行动的。

“我祈祷自己永远不用再做这件事了。世界上还有任何事情比孩子处于生死一线这样的境地更惨的吗？我希望你们不必要因此去做什么，也不必事后生活在这样悲惨的记忆当中。如果你们在雅典弹痕累累的工人区听到了他们的呻吟，看到了他们的眼神……然而我所能留下的一切只能是半罐花生。当我费力打开它时，成群衣衫褴褛的孩子紧紧围住了我疯狂地撕扯着我。大量的妇女，怀抱着孩子，推搡着，奋力用胳膊去争抢东西。她们向我伸出手，干瘦的手皮包着骨头，并痉挛性地伸缩着。我试图算好每一粒花生以尝试救活每一个孩子。

“在混乱中，他们几乎推倒了我。除了几百双手没有什么别的，那是祈求的双手，紧握的双手，充满绝望的双手——全都是一双双可怜的小手。我这里分一粒花生，那里分一粒花生，六粒花生从我指间掉落，脚下是瘦小的身影在疯狂地争抢。换一个地方我这里又分一粒花生，那里又分一粒花生。成百上千双手，伸出来祈求着；成百双眼睛闪现着希望的光芒。我无助地站在那里，手里只剩下了一个空罐子……是的，我很希望这将永远不会发生。”

这个魔术公式也能用于商务信函的写作，并对雇员及下属发布命令。激励孩子时，母亲们可以使用它，而当孩子们恳求父母的帮助或特许时也非常有效。你会发现，日常生活中使你的想法得到旁人理解，这一心理学工具也大有用处。

即使在广告业中，魔术公式也每天都得到使用。永备牌电池近来进行一系列广播电视商业推广，也使用了此公式。在下面的广告中，宣传员先是讲述了某人晚间翻车掉入坑中的经历。经过对事故细致入微的描述之后，他接着请求这位不幸者讲完这个故事，并告诉听众们他使用由永备牌电池供电的手电筒光束如何求得帮助的事情。接着宣传员继续他的观点和理由："购买永备牌电池你可以在类似的突发事件中幸免于难。"这些故事都出自于永备牌电池公司档案中真实的经历。我不知道这种特殊事例下售出了多少永备牌电池，但我的确知道：表明你想让听众做什么或不做什么时，这种魔术公式是最有效的手段。让我们接下来一步步讨论吧。

一、把源于你生活中的事例作为例子

事例将是你谈话的组成部分，而且它也将在你的时光中占据主要部分。其中你所描述的是带给你重要启示的有关经历。心理学家们认为我们学习有两种方式：其一，"训练法则"，通过一系列相似的事件导致我们行为方式的改变；其二，"效果法则"，某一事件可能给我们以极大震撼以至于导致我们行为的改变。我们所有人都有这种类型的特殊经历。我们不必长时间地找寻这类事件，因为它就位于我们的记忆表层。我们的行为很大程度上受这类经历所引导，通过生动地重现这类事件，我们能够使它们影响他人。我们能做到这一点是因为人们面对言辞的反应以及实际发生事件的反应极为相同。接着，在你演说当中的事例部分，你必须重塑你经历的部分，使这个事例对听众产生的影响如同最初对你所产生的影响一样。这就要求你有必要把你的经历讲述得清楚、细致并加以戏剧化，使人们对它感兴趣并乐于成为你的听众。以下有几条建议，将会有助于通过具体事例这一步使你的演说清晰、具体并富有深意。

用单独的个人经历作为例证

当作为例子的事件以单一事件为基础并对你的人生产生了强烈

的影响，它就会特别有力。它可能发生并不超过几秒钟，但是在短短的时间内你获得了难以忘怀的启示。不久以前，我班上的一位学员讲述了一段可怕的经历，讲的是他试图从倾覆的小船上游向岸边的事情。我敢说在场每一个人都下定决心，今后面对同样的情况时，将听从讲述者的建议留在损毁的小船边以待救援。我记得一个演说者另一段痛苦的经历则涉及一个孩子和一台翻倒的电动割草机。那起事故如此生动地镌刻于我的脑海，以至于当孩子们靠近割草机时我总会警惕起来。我们许多老师对于在班上所听到的事件如此印象深刻，以至于他们之后能采取行动阻止类似事件危及他们的家人。比如说，一个人在厨房准备了便携式灭火器，因为他听到了一次谈话，生动地讲述了一场悲剧性的火灾，其诱因就在于厨房。另一个人则在盛放有毒物质的瓶子上粘贴了标签，并注意放在孩子们够不着的地方。那是因为一次演说细述了这样的经历：母亲发现孩子在浴室昏迷不醒，手中还紧握着一个盛有毒物的瓶子。

单一的个人经历教给你的永生难忘的人生启示，是说服性演说的头一个必要条件。利用这种事件你能够打动听众采取行动——听众听了你的演说会想，这样的事能发生在你身上，也能产生在他们自己身上，那他们最好还是听从你的建议。

以详细的事例开始你的演说

之所以以事例为开端进行演说，原因之一是这样的开场能立即吸引听众的注意。一些演说者没能在开场白时就引起听众的关注，是因为他们在演说中太频繁地使用重复性的评论、陈词滥调或者琐碎的道歉，根本就不能引起听众的兴趣。例如开场时说“我还不习惯当众演说”，就特别令人生厌。而许多其他普通的开场白会使听众失去兴趣。纠缠于你如何选定这个话题的细节上以及向你的听众表明你没有完全准备好（他们很快就会发现这个事实），或者像传教士布道一样谈论你演说的话题，这些做法都是应该在以说服听众采取行动为目的的简短演说中必须避免的。

一流的新闻杂志作家有一条建议：以你的事例开始，你会立刻引起听众的注意。

有一些开场白则像磁石一样引起了我的注意：

“1942年我发现自己躺在了医院的帆布床上……”

“昨天早餐我妻子为我冲了杯咖啡……”

“去年七月我快速驶向42号高速公路……”

“我办公室的门开了，我的工头查尔斯·万闯了进来……”

“我在湖中钓鱼，抬头突然看到一艘摩托艇向我飞速驶来……”

如果你以上述短句开场，并回答了下列问题：谁，何时，在哪儿，做什么，怎样了，为什么，你就采用了世界上最古老的沟通手段之一。“从前”是魔术一般的词汇，它打开了孩子们想象的大门。采用同样使人们感兴趣的方法，你就能够在头一句话控制住听众的思想。

以相关的细节描述你的事例

细节本身并没有什么趣味。杂乱、布满了家具及小古玩的房间并没有什么意思。填满太多不相关细节的一幅画无法令我们的眼神注视许久。同样，太多的细节——不重要的细节——会使交谈及公共演说乏味不堪。选取细节的诀窍在于仅仅选择那些有助于强调演说观点及理由的细节。如果你想告诉听众应该在长途旅行之前查一下他的车，那么你讲述的事例，细节都应与“假如你在旅行之前没检查你的车会发生什么情况”有关。如果你只是谈论如何享受旅途风景以及到达目的地后在哪儿停留，你就会搞乱主题，分散听众的注意力。

最好的表现细节的方式是将切题的细节，按发生的进程重新整理，用具体丰富的语言表达使其历历在目般展现在听众面前。仅仅告诉听众你曾因疏忽而出了事故，这样的讲述是单调无趣的，很难说服听众出行前检查他的车。但绘声绘色描述你可怕的经历，使用你能用得上的所有描述感官的词汇，这都将使整个事件深深地铭记于听众的心里。下面是培训班上某个学员提出一个事例，用以强调冬季路面需要小心的必要性。

“1949年，圣诞节前的一个早晨，我在印第安纳州41号高速公路上驱车赶往北方。车里有我的妻子和两个孩子。几个小时里我都沿着镜子一样的冰路缓慢爬行，哪怕最轻微的转向都会使福特车的后轮令人厌恶地打滑。很少有司机离开行列试图超车，时间也仿佛随着车速缓慢爬行。

“当太阳照耀冰雪融化时，我行驶到了一片开阔的路面，之后我踩下了变速器加速以弥补流逝的时间。其他车也是一样开始加速。其他的车子也一样，都匆忙加速，想要首先到达芝加哥。孩子们都在后座上开始唱起歌来，并不知道危险已悄然而至。

“路面突然开始上坡并进入一处森林地带。当加速的汽车到达峰顶时，这座山的北坡还未被太阳光扫过，仍是光滑的一片。当我看清状况时，已经太晚了！我飞快地一瞥，看到前面两辆倾斜的车子猛冲下去，接着我们一同滑了下来。我们滑过了路肩，完全失控了，最终滑落到雪堤上，还好车子没有倾覆。但是我后面的车子也滑了下来，撞到了我的车边，撞碎了车门，玻璃溅了我们一身。”

这个事例中足够的细节使听众更易于置身其中。总而言之，你的目的就是要通过你的讲述让听众了解到你当时所看到的，所听到的，所想到的。唯一可能达到这一目的的方式就是利用丰富具体的细节描述。正如我们第四章所指出的，准备一场演说的任务就是对下列问题的重新整理，即谁（who），何时（when），在哪儿（where），怎样（how），为什么（why）。你必须利用描述性的语言激发听众的空间视觉想象力。

在讲述时将经历再现给听众

除了使用鲜活的细节描述以外，演说者还可以把自己的经历以表演的方式再现出来。所有伟大的演说家都有一种表演的天赋，但这并非是稀有的特质，也并非仅仅在辩手当中才能找到。大多数孩子都具有这种特质。我们熟悉的许多人也都具有一种节奏感、富于面部表达、善于模仿或具备哑剧表演的才能，他们至少部分地具有这种可贵的天赋。我们大多数人在这方面具有一些潜力，经过一些努力与实践我们就能够具有这种能力。

在对事件进行复述时，你投入的行动和激励越多，给听众留下的印象越深。无论一篇演说中细节多么丰富，如果演说者没有赋予重新创作的热情，它都会缺乏力量。你描述过一场大火吗？你要讲述消防队员如何在大火中奋战吗？那就把消防员匆忙穿过人群和烈焰搏斗时带给我们的焦灼、激奋、紧张的感觉讲述出来。你要对我们讲述与邻居的争吵吗？重现它，将之戏剧化。你要讲述自己在水中惊恐地挣扎、奋力求生的经历吗？那就让听众感受到你在自己生命的最可怕时刻的绝望吧。举例的目的之一就是使你的演说让人毕生难忘。只要听众记住事例，他们就会记住你的谈话以及你想要他们做什么。我们总是能回忆起乔治·华盛顿的诚实，是因为威姆先生在华盛顿的传记里，描述了砍樱桃树这一事例。《圣经新约》成为道德伦理准则的宝库，是由于它是由一个个具有人性的事例所引述——比如《善良的撒玛利亚人》等故事。

事件例证除了使你的演说更容易被牢记，还能使你的演说更具趣味性，更令人信服，更容易被理解。生活所带给你的体验已能鲜活地为听众所感觉，从某种意义上来说，他们已经对你想让他们做什么有所反应。这就带我们进入了魔术公式第二阶段。

二、陈述你的主张，你想让听众做什么

演说过程中说服听众采取行动的事例，已经耗费了四分之三多的时间。假定你的演说只有两分钟。你有大约二十秒使听众明白：你希望他们采取行动，按照你所要求的去做以及这样做了会有什么样的好处。这时不再需要细节了，这时需要坦率直接的断言。这与新闻报纸的技巧从一开始就给出通栏标题正相反，你先讲述故事，接着用你的观点或者请求听众采取的行动作为标题。

使主张简洁明确

明确告诉听众你想让他们做什么。人们只有清楚理解了要做什么他们才会去做。你必须自问，你究竟想让听众做什么，再通过你的事例说服听众，他们才会准备采取行动。就像电文一样记下要点是一个好主意，试着使用尽量少的词汇，使你的语言尽可能地清楚明确。不要说什么诸如“请帮助我们孤儿院的病人”这样太笼统的话，而应该说“今晚报名参加下周日的聚会，要带二十五个孩子去野餐”。重要的是要求进行一次公开性的活动——人们能看得见的活动，而不是心理活动，那太隐晦了。比如不要说“不时想想你的祖父母吧”之类的话，太笼统了根本无法采取行动。而应该说“周末探望一下祖父母吧”。不要说“要爱国”，应该说“下周四去参加投票吧”。

使你的主张对于听众而言易于执行

无论问题是什么，是否存在争议，演说者的责任就是以听众易

于理解并易于执行的方式来说出自己的主张，并要求听众去采取行动。做这件事最好的方式之一就是明确。如果你想要听众提高他们记忆名字的能力，不要说“从现在开始提高对名字的记忆能力吧”，那太不着边际了，难以去执行。而应该说“在你遇见一个陌生人后在五分钟之内要把那个陌生人的名字重复默念五次”。

给出具体行动要点的演说者比那些泛泛而提某项主张的人更能激励听众采取行动。如若说“请到此房间的后面在健康卡上签上诸位的名字”就远比催促听众寄张卡片或写一封信给留院治病的培训班学员好得多了。

是以肯定还是否定的方式陈述自己的主张，这个问题则应该视听众的立场角度来定。不是所有否定的说法效果都是不好的。想要规劝避免采取某行动时，可能否定的说法比正面的呼吁请求更具说服力。“别当抢灯泡的人”这是几年前推销球形灯泡的广告语，更具有规劝性，也具有极大的效果。

强有力而令人信服地表述主张

所谓“主张”就是你演说的全部主题。因此你需要强有力地、令人信服地提出来。就如报纸上的标题用黑体字一样显眼，你的要求也应该通过声调的变化与直叙加以强调。你将要给你的听众留下最后的印象。使听众感到你请求采取行动的真诚，用这样的方式促成它。对于你所主张的内容，决不应该有不确定或不自信。这种说服性的态度应该持续到你最后一句话，这就到了魔术公式的第三阶段。

三、说明原因或听众所期待的好处

再一次强调，简洁经济是必需的。在说明理由这一步里，你要讲清楚如果听众按照你的主张执行了的话，会有哪些可获得的利益。

确保理由与事例相关

有关当众演说的动机已经说得很多了。对任何人来说，说服他人采取行动都是一个巨大的、有用的话题。通过简短演说使听众采取行动，在以说服他人采取行动为目的的演说中，你应该做的就是用一到两句话重点强调按你所说的去做的好处所在。然而最为重要的是，你所强调的好处，必须由所举的事例证明。如果你在讲述你的经历：省吃俭用买一辆二手车，并且督促听众也去这么做。那么你必须在你的理由之中，强调他们也可以通过购买二手车省下钱来。你不应该偏离这个事例，给出诸如一些二手车比最新款式的车更加时髦这样的理由。

确保仅仅强调一个理由

多数销售员都能给出半打的理由说明你为什么应该买他们的产品，你也可以给出几条理由支持你的主张，而所有理由都应当与你的事例有关。但是再一次强调，最好选择一个显著的理由或收益，并着眼于此。你最后的话语应该简洁明快，就像国家杂志上的广告词一样。如果你研究了这些广告，你会增强更多的本领，你将培养出掌控演说要点和理由的能力。没有一则广告试图一次性推销一种以上产品。大型商业杂志上，很少有广告用多于一条理由劝说你购买。同一家公司可以改变它的销售宣传，把它的广告传播从一种传媒转到另一传媒，比如从电视到新闻报纸，但很少有同一家公司在同一广告上宣传不同的产品，无论是声音广告还是可视广告。

如果你研究了杂志、报纸及电视上的广告，并分析其内容，你会很惊讶，“魔术公式”被不断用来说服顾客购买商品。你会意识到存在着相互关联的纽带，将整个广告和商业销售捆在一起成为整体。

还有其他的方式举出例子，比如说，通过展览会、进行演示、引用权威的言论、作出比较、引述统计数字等。这些都将更进一步详细解释第十三章的内容，那一章我们将讨论通过长篇演说以说服听众。在本章，此公式已被严格限定为以个人事件作为范例，因为通过简短演说以说服听众，到目前为止最容易、最有趣、最富戏剧性，也是演说者所能使用的最具有说服力的方法。

第八章

进行说明性演说

可能你常常听到一些演说者就像下面这个人一样，他曾经使得美国参议院调查委员会的人们愤怒不已、难以安坐。他是一位政府高官，但是他并不知道如何更好地演说，他谈个没完没了，东拉西扯也没有把意思说清。他观点模糊，思路混乱，委员会的人们让他弄得糊里糊涂。最后他的一位同僚，一位非常健谈的议员，来自北卡罗来纳的小萨默尔·詹姆斯·埃文抓住机会说了几句话。

他说这位官员让他想起了一对夫妻，丈夫通知律师他想与妻子离婚，虽然他承认妻子很美，也有一手好厨艺，并且是一个模范母亲。

“你为什么想和她离婚呢？”律师问。

“因为她总是说个没完没了。”丈夫回答。

“她都谈了些什么？”

丈夫回答：“那就是问题所在，她根本就没说清楚过！”

对于许多的演说者而言，不论男女，那也正是他们的问题所在。他们的听众根本不知道这类演说者在谈些什么。他们从来没说什么实质性内容。他们也从来没有表述清楚他们的意思。

在第七章，你拥有了魔术公式，通过发表简短演说促使听众采取行动。而当你准备说明情况，而不是激发听众行动之时，我们将提出方法帮助你表述清楚你的意思。

每天我们都会多次发表这种说明性演说：给出方向或指示，作出解释与汇报。每周都会对来自四面八方的听众发表这种类型的演说，说明性演说仅次于说服听众采取行动的演说形式。清楚表述的能力要优于打动旁人采取行动的能力。美国优秀的企业家之一欧文·D.杨强调了在当今世界清楚表达的必要性：当一个人努力使别人更加理解他时，某种程度上，他也就为实用性的出现创造了良机。确实，在我们社会，对人类而言，即使对于最简单的事情，互相协作也是必要的，而且所有人互相理解则是首要的。语言是理解传递的基本载体，所以我们必须学会使用它，并非混为一谈而是有区别地灵活使用。

在本章有些建议将帮助你明确区分语言的运用，使得听众更便捷地理解你。路德维格·威泽斯坦说过：“一切事情能被想到，就能够考虑清楚。而一切事情只要能说出来，也就能被说得很清楚。”

一、限定话题与所安排的时间相符

在威廉·詹姆斯教授对老师们的一篇演说当中，他停下来评论说，一篇演说最好仅限定一个观点，而他所提到的演说只限定持续一个小时。然而我最近听到一位演说者，他被限定三分钟停止，一开始他就说想要让我们注意以下十一个要点，也就是说平均每个话题才十六秒半。看起来很荒唐，不是吗？聪明人怎么会打算做这么荒唐的事呢？确实，这是一种极端的情况，但以那种方式出现的错误，即使程度不大，也几乎会对每一个初学者的进步造成阻碍。他有点像那位导游库克，想要在一天之内把巴黎全景式地展现给游客。这也能做到，正如我们能在三十分钟内穿过了美国博物馆自然史区一样，但既不清晰也没有达到享受风景的效果。很多演说都没能清晰表述，因为演说者看起来打算在分配的时间内创造世界纪录。他就像一只山羊一样迅速而灵巧地从一个要点跳到另一个要点。

比如说，如果你打算谈论工会，不要在三到六分钟内告诉我们工会为什么会存在以及他们招募会员的方法，他们做成了什么好的事情，又做出了什么坏事，他们如何解决企业争议的。不，不，如果你努力做到了这一切，那么对你讲过了些什么，所有人都不会有一个很清晰的思路。你的讲述将是很混乱的，观点模糊，太过素描式了，也太杂乱了，留在听众脑中的只能是一些轮廓。

使用一个主题，并且只用一个主题来描述工会不是很聪明吗?是的。那种演说会留给听众很单一的印象。那会非常清楚,易于听懂，便于记忆。

一天早上当我登门拜访我认识的一位公司总裁，发现他的门上有一个奇怪的名字。我的一位老朋友，这家公司的人事部经理，告诉了我理由。

我的朋友说 :“他的名字正好与本人名副其实。”

“他的名字？”我重复道,“他是控制这家企业琼斯家族的一分子，不是吗？”

“我指的是他的绰号,”我的朋友说,“他的绰号是‘人在哪儿’,每个人都叫他‘人在哪儿’琼斯。在哪儿他都没有待久过。他的家族给了他一个职位，但他从来不会花大力气去了解企业经营的一切情况。他每天都在公司里待很长时间，但都做些什么呢？突然从这儿走出来,突然又从那儿走出来。所有地方,所有时间都可能看到他,都只是一种走马观花。而他认为 :对他而言，相比于研究大型的销售计划，看看装运员是否按时关掉电灯，或者速记员是否挑出纸片,这样的事情才更重要。他很多时候不在办公室。因此我们叫他‘人在哪儿’先生。”

“人在哪儿”琼斯提醒我，很多演说者本可能比实际做得更好。他们之所以没能达到更好，是因为他们没有约束住自己。他们像琼斯一样只有一个人，试图啥事都管。你没听说过他们吗？在某人的一次演说当中，你不想问一问“现在这位演说者在哪儿？”

即使一些富有经验的演说家也会犯下这种错误。可能他们在其他很多方面都有能力，这个事实使他们在多管齐下时陷入危险而不自知。你千万不要像他们一样。迅速锁定你的主题。如果你使自己思路清晰，那么你的听众总会这样说：“我理解他。我知道他现在在哪儿。”

二、依序安排你的想法

几乎所有的话题都能够通过使用时间、空间、特定主题等逻辑顺序发展推演。比如说，在时间顺序中，你既可以在过去、现在、将来三种情况下，也可以从某一时间开始向前向后推移，来考虑你的主题。比如说，所有事件的谈话都应该涉及原材料的准备阶段，之后推进到生产出成品的制造阶段。当然了你是否愿意详细阐述，完全由时间决定。

在空间顺序中，你安排观点可按照以下顺序进行：从中心某个点开始，之后再由此向外拓展，或者涵盖材料的各个方向，从北从南从东从西依序进行。如果你描述华盛顿，你可以带着你的听众到这个城市最高的建筑物，再按照每一个方向选取有趣的景点进行介绍。如果你讲述一架喷气式飞机的引擎或一辆汽车，你最好分解成各个零件进行讨论。

一些话题则有其固有的顺序。如果你开始解释美国联邦政府的构成，你最好遵循内在的政府模式讨论它，即按照立法机关、行政机关以及司法机关进行。

三、按照顺序列举你的观点

保证听众思路清晰最简单的一个办法就是按照一条条要点依序

列举出来。

“我的第一点就是：……”你直截了当地提出来。当你讨论完这个要点，就马上坦率地说出要进入第二个要点。那么你能保持那个顺序直到最后。

拉尔夫·J.布切博士在担任联合国秘书长助理的时候，在一场由纽约罗切斯特城市俱乐部主办的重要演说中，就是以这种直截了当的方式开始的。

“我今晚选择‘人际关系的挑战’作为题目发表演说有两个理由，”接着他又继续说道，“第一，……”很快他又说道，“第二，……”整个一篇演说，他都小心谨慎尽力使听众清楚。他按照逐个要点的顺序进行，并最终得出结论。“对于人类内在行善的潜力，我们永远不要失去信心。”

当经济学家保罗·H.道格拉斯对国会联合委员会演说时，该委员会因为商业在美国正处于落后地位，正努力采取措施刺激商业，同样的方法也产生出了同样的效果。道格拉斯以税务专家及伊利诺伊州参议员的双重身份发表了这篇演说。

“我的主题，”他开始道，“是这个：最快最有效的措施就是对中低收入群体——也就是说对那些日常消费就会用掉他们几乎所有的收入的人们——采取减税。”

“特别地……”他继续说。

“进一步地……”

“此外……”

“有三个主要理由：第一，……；第二，……；第三，……”

“总之，我们所需要的是立刻对中低收入群体减税，以便使需求及购买力增加。”

四、熟悉的概念与陌生的概念作类比

有时候你会发现自己辛辛苦苦解释了半天，却仍然没能把意思说清楚。该怎么做？用一些听众确实理解知道的东西作类比；说一样东西像另一样东西，陌生的东西像熟悉的东西。

假定你正讨论对工业具有促进作用的一种化学品——催化剂，它是这样一种物质，是导致其他物质发生变化而本身并不改变的物质。听起来相当简单。但是说它就像校园里的一个小男孩，横冲直撞，殴打、弄哭、欺负其他的小孩，而自己则没有挨过别人一拳，不是更好吗？

一些传教士不得不面对这样的问题，在把《圣经》翻译成非洲附近生活着的部落方言时，如何将陌生的叙述用熟悉的词语翻译过来。应该按字面直译吗？他们意识到，如果那样做的话，对于当地人来说很多言辞都会难于理解。

比如说，他们译到下面一句话："虽然你的罪恶像血一样猩红，但仍可以洗得像雪一样洁白。"他们应该按照字面直译吗？丛林地带生活的人们并不知道雪为何物。但是他们经常爬上椰子树摇下椰子来作为午餐享用。传教士们用当地人熟知的物品来比喻他们所不了解的东西。他们把这句话翻译为：

"虽然你的罪恶像血一样猩红，但是能被洗净得像椰子汁一样洁白。"

这时，还有什么难以理解的，不是吗？

将事实描述成一幅图画

月亮离我们有多远，太阳呢，距离我们最近的星星呢？科学家们很轻易地利用大量的数学公式来回答这些问题。但是科普演说者及作家们了解到：对普通听众而言要解释清楚这个事实，这可不是

一个好方法。他们把数字转换成了图像来说明。

著名科学家詹姆斯·吉恩斯爵士对人类开发宇宙的热情特别感兴趣。作为一位科学方面的专家，他知道所涉及的数学知识，他也知道在写作或演说过程中偶尔插入几个数字会更有效果。

在他的著作《环绕我们的宇宙》中指出：我们的太阳（恒星）以及行星距离我们如此之近，以至于我们根本没有意识到太空中绕着我们旋转的物体距离我们有多远。“即使最近的恒星（半人马座的比邻星）距离我们也有25 000亿英里远。”他说。接着，为了使数字更鲜活，他解释说，如果一个人从地球出发以光速（每秒186 000英里）行进，则将要花费四年零三个月的时间才能到达半人马座。

吉恩斯爵士用这样的方式说明太空有多浩瀚，相比我从前听过的一位演说者描述阿拉斯加这片土地的大小所用的方式，前者留给听众的印象要清晰形象得多。那位演说者在介绍阿拉斯加的大小时，只说它的面积590 804平方英里，就不管了，没去把它的大小画面式地描述给听众。

这样的介绍是否给了你美利坚第49个州面积大小任何一幅具体的画面呢？一点也没有。为了使其大小直观可见，我不得不耐心等待，直到我从另一资料中了解到阿拉斯加总面积超过了佛蒙特、新罕布什尔、缅因、马萨诸塞、罗德岛、康涅狄格、纽约、新泽西、宾夕法尼亚、特拉华、马里兰、西弗吉尼亚、北卡罗来纳、南卡罗来纳、佐治亚、佛罗里达、田纳西以及密西西比州多个州的面积总和。现在590 804平方英里的土地产生了新的含义，不是吗？你会意识到阿拉斯加有足够的空间供我们走来走去。

几年前，我们培训班上的一位学员描述在高速路上发生的多起致命的交通事故时，通过令人惊悚的画面描述了高速路上可怕的伤亡人数：“你正驱车从纽约赶往洛杉矶。想象一下，在高速路沿线并没有路牌，而是一具具棺材挺立在地面上，每一具棺材中都停放着一个去年因交通事故而丧生的死者。当你开车穿过，每隔五秒就会看到一具令人毛骨悚然的棺木，这样每一英里就有12具棺木从大路的一端一直码放到了另一端！”

那幅画面总会时常浮现于我的脑海，令人骇然，从此以后，我从没有驱车离家太远。

耳闻的印象很难保留。它们就像雨雪打在山毛榉光滑的表皮上直接滚落到地消失无踪。但是眼见留下的印象呢？几年前我看到一发炮弹深深嵌入了位于多瑙河河堤上的一所老房子中，那是拿破仑的大炮在厄尔姆战役中发射的一枚炮弹。这种视觉印象就像这枚炮弹一样深深地印在了我的脑海。它们留下了可怕的印记，深深嵌入，非常牢固，会驱除其他不利的影响。

不要使用专业词汇

如果你是一位专业人士，工作本身是技术性的——比如一位律师，一位物理学家，一位工程人员，或者一位从事特殊商业贸易的人——当你与外行交谈时，无疑应当注意用直白的语言表达自我，并作出必要的细节说明。

我的专业操守要求我提醒你们加倍小心：我听过无数次演说，恰恰就在这一点上出现了失败，而且是惨败。总体上演说者们并没有意识到一般大众对深奥的专业知识一无所知。那么会发生什么呢？他们不断地说啊说，讲述他的思想，使用一些与其体验相一致并对他们持久不断富有深意的语句；但对于外行来说却不知所云，无所适从。

这样一位演说者应该怎么办呢？他应该认真地看一看前印第安纳州参议员比威利齐有几条建议：

“一个好方法就是在听众当中挑出几个看起来并不聪明的人来，努力使他们对你的观点感兴趣。这只有通过对事实清楚的描述以及明确的推理过程才能做到。另一个更好的办法是以随同父母前来出席的某个小男孩或小女孩为演说目标，发表你的演说。

“然后，在心里对你自己说——或者你喜欢的话，也可以大声对你的听众说出来——你要努力直白地说出观点以便让孩子理解，并让他们记住你对问题的解释，会后能够讲出你所讲过的东西。”

我们培训班上有位医生，一次演说中评论说 :“膈膜呼吸对于肠蠕动行为来说有独特的帮助，并对健康有好处。”他正要从一句话转而讨论另一句话，这时老师止住了他，并要求班上对膈膜呼吸与其他呼吸方式有何不同，为什么它对身体健康特别有好处，什么是肠蠕动等三个问题有清晰概念的学员举手。结果使医生惊讶，所以他重新来过，再次分别详述有关概念 :

“膈膜就是在肺的底部及腹腔顶部形成的一层胸表层。当处于不活跃状态以及胸部呼吸时，它会隆起得像一个倒扣的洗脸盆。

“在做膈膜呼吸时，每次呼吸都会迫使肌肉向下凹陷直到近乎扁平，这时你会感到你的胃部肌肉在挤压你的韧带。膈膜向下的压力按摩并刺激腹腔上部的器官——如胃、肝脏、胰腺、脾腺，以及太阳神经丛。

“当你再次呼吸时，你的胃和肠将会挤压膈膜并再次进行按摩。这种按摩有助于排泄。

“许多的不健康现象源自于肠道因素。如果我们的肠胃器官通过深度的膈膜呼吸得到适当的锻炼，那么多数消化不良、便秘以及自体毒物等现象都会消失。”

任何事物的解释，从简单过渡到复杂总是最好的过程。比如说，假定你正打算向一群家庭妇女解释为什么冰箱必须除霜。按下面的方式介绍就是错误的：

“冰箱的原理是基于如下事实，即脱水器从冰箱的内部抽出热气。而当热气被抽出后，与之相伴的就是湿气凝结在脱水器上，堆积起来久而久之就形成绝缘层。它会隔离脱水器，因此有必要通过更为频繁的转动引擎以消除那层厚厚的霜所带来的后果。”

但如果演说者以家庭主妇们都熟悉的方式开始演说，那么将会更加易于理解：

“你知道冰箱里哪个地方对肉进行制冷吗？好的，你也知道，霜会凝结在那个制冷装置上。每天霜会变得越来越厚，直到制冷装置必须清除那些霜层以保证冰箱有效运转。你看，环绕制冷器的霜层真像盖在你床上的那件毛毯，也像家中墙体表面起绝缘作用的那层矿毛纤维。对于制冷器而言，需要从冰箱其他部分抽出热气以保持冰箱制冷，但由于现在霜变得越来越厚，做到这一点会越来越困难。冰箱压缩机必须更频繁更长久地运转保证箱体制冷。但如果冰箱存在自动除霜机，霜也就永远不可能厚厚地聚集起来。反之，结果就是压缩机运转次数减少，运转时间也会缩短。”

关于避免使用专业词汇这个问题亚里士多德曾有忠言：“如聪明人一样思考，但要像普通人一样去说。”如果你必须使用专业词汇，直到你解释清楚，使听众当中每个人都能理解它的含义再去使用它。特别对于关键性的新词汇，而你又要反复使用它，则更需注意。

我曾经听过一个股票经纪人与一群妇女交谈，她们想要了解开户与投资的有关基本条件。他使用了简单的语言，并以聊天的方式轻易地使她们理解了。他讲清楚了每一件事，只是一些基本词汇仍非常专业，对她们仍很陌生，比如他谈到了“票据交换”“期权”“再融资抵押”“长期与短期股票买卖”。因为这位经纪人并没有意识到他的听众对于这些基本的专业词汇并不熟悉，所以很精彩的一场讨论就成为一团迷雾。

没必要避开一些关键词汇，那些词汇虽然还没有被理解。只要用到的时候解释一下就可以了。如果永远做不到这一点，那么这类词汇就只能完完全全是你自己的。

你想谈论有关商业演唱、即兴购买、文科类课程或成本会计吗？想谈论关于政府补贴，或者错位通过的汽车吗？你想倡导对孩子采取宽容态度吗？想提倡对财产清查采取后进先出的方法吗？只要确保你的听众接受这些特殊领域的关键词就行了，就像你从前接受它们一样。

五、使用直观的器材

从眼睛到大脑的神经元要比那些从耳朵到大脑的神经元大上许多倍；科学发现，我们对通过眼睛获得的信息的关注度是对通过耳朵获得的信息的关注度的二十五倍。

一句古老的日本谚语说道：“看一眼要比谈论它好上一百倍。”

所以如果你想让听众清楚，就描绘出你的观点，使你的意见直观可见。这是国家现金注册公司奠基人约翰·H.帕特森一贯的主张。他为《杂志系统》撰写了一篇文章，描述了这种方法，他曾经用此法对工人和推销员发表过演说：

“我主张一个人不能单纯依靠演说使自己的意思被旁人理解，或者获得关注。剧情化处理是必要的。无论何时，最好尽可能以图画展示那些正确的及错误的方面，图表比单纯使用语言更令人信服，而绘画则比图表更令人信服。一个主题理想的描述就是每一部分都用图画绘制出来，而语言仅被用于把它们串起来。早年我发现与人交往，画面比我说的一切都更有价值。

“如果你使用表格或图表，要确保它足够大能看得见，但不要过分。一幅接一幅的图表也常常使人厌倦。如果你一边进行讲解一边绘制图表，要注意在黑板上快速轻便地绘制图画或者迅速弹出相关表格。听众此时对于伟大的艺术品并不感兴趣。使用缩略语并大点书写方便辨认。在你绘画或书写的过程中要加以讲解，保证转身面对你的听众。”

当你使用展示品时，要遵循下列建议，你就会确保听众全神贯注：

1.展示品先不要让听众看到，等到你要使用它时再拿出来。

2.展示品要足够大，即使最后一排也能看得见。如果你的听众看不到展示品，他们就无法通过展示品了解到你要表达的东西。

3.永远不要在你演说的同时向听众分发展示品。

4.当你展示展品时，高高举起使每位听众都能看得见。

5.记住，可以移动的展品比静止的展品更有价值。如果条件允许还可以当场演示一下。

6.不要在你谈话时盯视着展品——你正试图和听众交流，而不是与展品交流。

7.展示品展示完后，如果能收起就要收起来，不让听众再看见。

8.如果你要使用的展品有必要进行“神秘处理”，在你谈话时，将之置于身边的桌子上。盖上它。而当你提到它时听众将会产生好奇心——但不要挑明它是什么。接着当你准备揭晓谜底时，你就会使听众产生好奇心、悬疑，并产生浓厚兴趣。

用直观的视觉材料来加强演说的清晰度，已经变得越来越重要。为了确保听众理解你所说的一切，走到他们面前展示，并且告诉他们你的所思所想，没有什么方法比这更好的了。

两位美国总统，都是演说的行家，他们都认为使演说清楚明确的能力是长期训练及自我约束的结果。如林肯所说的，我们必须拥有一种使演说清晰的热情。他曾告诉诺克斯大学校长格里佛如何在早年间培养这种“热情”。

“在我最早的回忆录中，在我还只是一个孩子时，我记得一旦任何人以我无法理解的方式与我交谈时，我都会愤怒不已。我认为在我一生都不会为别的事情而生气。但那件事总是至今都令我怒火难平。我总能记得回到我的小床，听到邻居与父亲谈了整晚，我整晚都难以安睡，试图搞清楚他们谈话的确切含义。当我听到了这样一句话，我就要试图去搞懂它，因为我认为作为一个孩子，我具有这种能力。我不断地重复这句话，直到我弄清楚了其中的含义我才睡去。这就是伴随我的一种热情，至今仍影响着我。”

另一位杰出的美国总统是伍德罗·威尔逊，现将一些他记录在笔记中的话作为建议写下来，为本章作一小结以使意义更为明确。

“我的父亲是一位精力旺盛的人，我最好的训练均来自他。他从不喜欢含糊不清。从我开始写作，直到1903年他81岁高龄的时候去世，我总是随身携带着自己写给他的所有东西。

“他让我大声地朗读它，这对我来说总是非常难受。每次他都不时打断我：‘那是什么意思？’我总要做出解答，自然，我也就学会了用比写在纸上更为简单的方式表达自己。‘那你刚才为什么不这么说？’他继续说道，‘不要用霰弹枪瞄准，这会弄得满乡遍野凌乱不堪，要用来复枪瞄准，说话也是如此。’”

第九章 发表演说使人信服

从前，有一群人发现自己处于风暴扫过之处。其实，并不是真正的风暴。实际上，就是一个名叫莫里斯·古德布赖特的人所带来的风暴。以下就是那群人中一个成员描述的：

“我们在芝加哥团团围坐共进午餐。我们知道这个人以强有力的演说出名。当他站起来演说的时候，我们都专心致志地注视着他。

“他平静地开始了——这是一个潇洒友善的中年人——他感谢我们邀请他。他说他要谈论一些严肃的事情，如果打扰了我们，希望我们见谅。

“接着像一场旋风一样，他谈了起来。他身体前倾，眼睛凝视着我们。并没有提高音量，但在我看来就像在耳边敲锣一样。

“他说：‘你们四下里看看，互相瞅一瞅。你们知道屋中就座的诸位将有多少死于癌症吗？你们所有人都在四十五岁以上，那么将有

四分之一的可能死于癌症。四分之一呀！'

“他停了停，脸上现出光彩，说道：'那确实是一件非常残酷的事，但是不必等待太久，对于癌症有件事我们可以为之。这件事就是癌症治疗的进步以及这项事业的研究。'

“他严肃地看着我们，他的目光移向桌面，问道：'你们希望帮助推动这项事业向前发展吗？'

“除了回答'是'，此时我们还能有别的答案吗？'是的。'后来我发现其他人也都是这么做的。

“不到一分钟莫里斯·古德布赖特就胜利了。他本人吸引我们关注他的话题，使我们站在他那一边，支持这场由他发起为慈善事业捐赠的运动。”

得到恰当的反应是每一个演说者任何时间、任何地点都具有的目标。当此事发生之时，古德布赖特先生显然有一个非常好的理由，从我们那儿得到一个他需要的反应。他和他的弟弟纳森白手起家，如今已经建立起一家零售连锁超市，交易额一年一亿多美元。经过长年艰苦的奋斗，他们获得了巨大的成功，然而接下来纳森身染重病，过了不长的时间他就死于癌症。这以后莫里斯·古德布赖特促成了古德布赖特基金会，捐赠第一笔一百万美元给芝加哥大学的癌症研究项目，从商业领域退下来后，他投入所有时间致力于抗击癌症的公益事业。

这些事实连同莫里斯·古德布赖特本人的个性都令我们折服。忠诚、真挚、热心以及他那强烈的决心，在短短几分钟内完全致力于对我们的演说，就如同每年他都要投身于这样一项伟大事业中，所有这些因素将我们带进一种对演说者强烈的认同感之中，也使我们对他产生亲近感以及一种被他吸引、为他所动的情感之中。

一、通过理所当然来赢得自信

昆特连（一世纪时罗马的雄辩家——编者著）描述演说家为“精于演说的一个好人”。说这话时他正谈论忠诚与特质。在本书中，已经说过的以及将来所要说的一切，都没有什么能够代替演说效果这条基本特性。皮尔庞特·摩根说那条特性才是赢得信任的最佳方式，同时也是赢得听众信心的最佳方式。

亚历山大·伍尔考特说：“一个人演说时充满真诚，将为他的声音赋予真实的色彩，而虚伪的人是无法仿制的。”

特别是当我们演说的目的是使听众信服时，必须以出自于坚信不疑的信心来阐明我们自己的观点。在试图使别人相信之前，我们必须首先充满信心。

二、得到赞同

前西北大学校长沃尔特·迪尔·斯考特说过："每一想法、概念或结论刚进入大脑中即被奉为真理，除非它受到对立观念的阻碍。"这个问题可归结为如何保持听众的认同。我的好友哈里·奥维奇教授在纽约社会研究新校发表演说时，就成功地验证了这一概念的心理学背景。

"熟练的演说家一开始就能得到听众的许多认可。由此他建立了使听众按正确方向前进的心理过程。可能就像一个台球的移动，将球向一个方向击出后，途中要想使它偏斜则需要某种能使它改变轨迹的力量，而要想将它推向相反的方向，则需要更大的力量。"

心理的形态在这方面表现得非常清楚。当一个人说"不"，并且真心想说时，他并非只说一两个词而已。他所有的身体组织——内分泌腺、神经系统、肌肉系统——都会进入拒绝状态。通常在短暂的一瞬可以观察到他有微小程度的身体上的撤退，或撤退的准备。简言之，整个神经肌肉系统都处于拒绝接受的抵制状态。反之，当一个人说"是"的时候，并没有收缩性的行为发生。身体组织处于积极接受、开放的姿态。因此在谈话一开始如果我们能够通过劝导获得更多的"是"，那么我们越可能成功地获得听众对于我们最终意见的关注赞同。

这种说"是"的赞同态度，是一门非常简单的技巧，然而在很多时候被人们所忽略！看起来好像人们常常一开始提出相反意见，用以获得自己的意见非常重要的感觉。激进派与相对保守的两方进行协商谈判，很快就会使他们愤怒，实际上这有什么好处呢？如果他这么做只是为了得到一些与谈判无关的快乐，则可以原谅。但是如果期望达到某个目的，则就太愚不可及了。

一开始就使学生、顾客、孩子、丈夫及妻子说"不"，再把那种愤怒的否定转变成为肯定的反应，即使有神仙一样的智慧也难做到。

一个人开始将怎样得到这种期待的“认同反应”呢？非常简单。林肯揭示其中的奥秘说：“我开始演说并最终赢得争论的方法是首先找到一个双方都能接受的共同点。”林肯发现即使当他讨论高度敏感的奴隶问题时，这样的共同点也仍然存在。一份中立性质的报纸《镜报》报道他的一篇演说：“头半个小时就连他的对手也同意他所说的每一句话。从那时起，慢慢他将话题引向了他所支持的方向，直到看起来好像一切都已在他的掌控之中。”

与听众发生争论的演说者仅仅只能激发他们的固执，使他们抵制自己，几乎不可能使他们改变自己的想法，不是吗？“我将证明这个证明那个”这样开头的演说者很聪明吗？听众当然不会轻易接受那句话，并把它看作一种挑衅，在心里默念说：“走着瞧吧。”

一开始就强调你和所有听众都相信的事情，接着提出一些相关的问题，使每个人都想回答，这不是更为有利吗？接着引领听众与你积极地搜索这些问题的答案。在搜索的同时，提出事实，而听众看到这些事实如此清楚，最后他们将逐步接受你的结论。他们将对他们亲身发现的事实坚信不疑。“看起来像是一场解说的议论，才是最好的议论。”

在每一个争议当中，不论差异多么巨大而又激烈，演说者以及所有邀请与会的每一个人之间总会有些共同点。举例为证：1960年2月3日，英国首相哈罗德·麦克米兰在南非联邦国会发表演说。在当时南非种族隔离盛行的背景下，他不得不在立法院提出英联邦的反种族主义观点。他是否一开始就谈到了两国在观点上的巨大差异呢？不，他一开始先强调南非所取得的巨大的经济进步，以及南非对世界卓越的贡献。接着他以非凡的技巧和策略提出具有不同观点的有关问题。即使如此，他也深知这些观点分歧是建立在彼此真诚的信念的基础之上。他的整篇演说极富策略性，总会令人怀念起多年以前林肯在萨姆特要塞发表的演说。首相说道："作为英联邦的一员，我们真诚地期望能给予南非支持与鼓励，但恕我直言，你们有些政策使我们无法做到这一点。在我们的领土上，我们深信，实现人人自由平等的政治目标是正确的。我认为我们应该如朋友一般相互坦诚对待，无须彼此分担功过。所以事实就是在当今世界我们在观点上仍存在着很大差异。"

无论一个人对演说者的异议有多么坚决，上面的讲法将由于演说者的公正无私而使你信服。

但如果麦克米兰首相一开始就强调双方存在的分歧而未提出共同点的话，结果又是什么呢？詹姆斯·哈维·罗宾逊教授在富有启示性的著作《思想的酝酿》一书中，就这个问题给出了心理学的答案：

"我们有时候发现自己没有任何抵制或重要的情绪波动就改变了自己的主意。但是如果我们被告知是错的，我们就会厌恶这种谴责并顽抗到底。我们对于自己信仰的形成并不太注意，但是当有人想要破坏它时，我们就会发现自己对之充满了不适当的狂热。很显然，并不是意见本身对我们有多珍贵，而是我们的自尊受到了威胁……'我的'这个词在人际关系中是最重要的，恰当而正确考虑它也是智慧的起源。无论是我的午餐、我的狗、我的房子，还是我的信念、我的国家、我的上帝，都具有同样的力量。我们憎恨这样的诋毁，比如，说我的表是坏的，我的车很破；我们也憎恨别人修正我们的观点，如火星运河谷，'Epictesus'的发音，柳树的药用价值，萨尔贡一世的统治年代等。因为我们愿意继续相信过去习以为常的事情，当别人质疑我们的假定时，怨恨就会促使我们寻找一切借口顽固坚持这一点。结果就是，大多数我们在争论中所谓的理由，都是找出一大堆的理论来支持我们过去所相信的。"

三、以富有感染力的热情演说

当演说者以感情和富有感染力的热情提出自己的观点时，听众中很少会产生对立的看法。我说“富有感染力的”，是因为热情恰恰就是那样。它能排除一切负面的、对立的情绪。当你的目标是使人信服之时，记住激发热情比引发思考更有作用。感情比冷峻的观点更有力量。为了激发感情，一个人必须充满热情。不管一个人使用多么少量的言辞，不管他可能整理出怎样的实例，更不管他的声音多么和谐、姿态多么优美，如果他没有真诚地说出来，则上述这些都不过是空洞而闪光的装饰而已。如果你想给听众留下印象，则你自己先要给听众留下印象。你的精神，通过眼神闪现出来，通过声音辐射出来，通过你的举止展现出来，它便会与你的听众产生交流。

每次你演说，特别是当你演说的目的是让听众信服时，你所做的一切决定了听众的态度。如果你不够热情，则听众亦然；如果你无礼、轻率，具有敌对情绪，则听众也会这样。亨利·沃德·比彻说过：“当教众睡着的时候，只有一件事可以做——给教会管理员一根尖尖的棒子，让他给传道人狠狠戳上一记。”

我曾应邀为哥伦比亚大学演说赛颁发哥提斯奖章，我是三个裁判中的一位。有六个毕业生，都经过了精心的训练，他们都渴望自己获胜。但是——有一点不足——他们非常努力就是为了赢得那面奖牌，很少或根本没有热情去说服听众。

他们选好了自己的主题，因为这些主题赋予他们口才最好的展示。他们对所坚持的观点并没有兴趣。他们滔滔不绝地演说只是演说艺术的训练而已。

而祖鲁王子就是一个例外。他选择“非洲对现代文明的贡献”作为标题。在演说的每个词中他都投入了浓厚的感情。他的演说并不仅仅是一种训练，而是一种有生命的东西，富有信念与激情。他谈起来就好像代表了他的人民，他的大洲：充满智慧和高尚的情操以及良好的意愿，他向我们传达了一个信息，即他的人民希望并请求我们能理解他们。

我们向他颁发了那枚奖章，即使他可能不如那几个竞争者那样具有一定演说技巧。我们裁判认可的是他的演说中拥有真挚的感情，闪耀着真情实感的火焰。相比而言，其他的演说则只不过是像煤气炉般喷着微弱的火焰而已。

在远方的大陆，那位王子以自己的方式学到了这些东西：如果你不能将自己的个性感情投入到演说当中，而仅仅使用理性的话，那么对于你所说的，你自己究竟相信多少，所有这些都会在听众面前一览无余。

四、对你的听众展现尊重与爱

“人性需要爱也需要尊重，”谈到一个职业戏剧演员时，诺曼·文森特·皮尔教授这么说，“每个人都有其内在对价值的感觉，希望被重视，希望维护自己的尊严。一旦这种感觉受到破坏，则你就将永远失去那个人。所以当你敬爱尊重一个人的时候，你就会使他更加强大，相应的，他也会尊重并敬爱你。”

“一次我与一个娱乐人做节目。我并不熟悉那个人，但是自从那次见面起，我知道了他很难相处，我认为我知道这是为了什么。

“我平静地坐在他旁边，因为我即将进行演说。他问我：‘你不紧张，是吗？’

“‘为什么呢？我很紧张，’我回答，‘当我站在听众面前准备演说之前我总是有点紧张。因为我对听众怀有深深的敬意，而这种责任就会让我有点紧张。你不紧张吗？’

“‘不，’他说，‘为什么我应该紧张呢？听众很容易喜欢一切，

他们是一群笨蛋。'

"'我不同意,'我说,'他们是你神圣的评判。我对他们怀有极大的尊重。'"

后来皮尔博士听说那个人的受欢迎程度日渐衰退,他非常确信其理由就在于他的态度:敌视其他人,而不是赢得他们的心。

对于想要演说的人来说,这是多么有益的教训呀!

五、以友好的方式开始

有位无神论者曾经向威廉·帕雷挑战,反驳他的观点,即不存在所谓超自然的力量。帕雷非常平静地取出表,打开盖子,说:"如果我告诉你那些杠杆、滚轴以及弹簧自我生成,自我组合在一起,并且开始按自己的套路进行运转,你会怀疑我疯了吧?当然了,你会。但是看看那些星体,它们每一个都有自己预先制定的路径及行动——地球和行星绕着太阳转,整个星系一天以一百万英里速度旋转。每一个星星在它自己的星系里都是另一颗太阳,像我们的太阳系一样在太空运行。然而没有碰撞,也没有干扰。你更愿意相信它们只是碰巧,还是更愿相信有超自然力量使它们这么做呢?"

假定他一开始就反驳对手的意见:"没有神?别蠢得像头驴一样。你根本不知道自己在说什么。"将会发生什么呢?无疑一场口水战将在所难免,虽激烈但却无济于事。那位无神论者将像一只暴怒的野猫以狂躁的热情为自己的观点反唇相讥。为什么呢?因为,正像奥维奇教授所说的,他的观点以及非常重要的必不可少的自尊受到了威胁;他的尊严也岌岌可危。

既然尊严是这样一种明显的人类本质特征,让一个人的尊严与我们协作,而不是与我们作对,不是很明智吗?那么又该怎么做呢?就像帕雷所做的,可以表明我们所提出的事情与对方已经相信的事情非常相似。这样的话，对他而言接受你的提议比拒绝更为容易。那样也能够阻止一些矛盾而对立的观念在头脑中产生，并破坏你演说的效果。

帕雷对人类的心理给予了充分的尊重。然而大多数人缺少这种能够与一个人一道进入对方信仰壁垒的敏锐能力。他们错误地认为，为了突破壁垒，他们必须进行猛攻，通过前线强攻不断打击从而拿下它。那又会发生什么呢？战斗开始的那一刻，吊桥抬起，大门紧闭，弓箭手拉开长弓——唇枪舌剑不断继续，双方都伤痕累累。最终两败俱伤，没有人能说服对方。

我所提倡的这种明智的办法并不新颖。很久以前圣保罗曾经用过。在马斯山那场著名的对雅典人的演说中他采用了这种方法——用得灵巧机智，令我们钦佩不已。他受过了高等教育，而且在改信基督教之后，他的口才使他的主张大行其道。一天他到了雅典——那时正是后伯里克利时代，这时的雅典人曾经历过辉煌的顶峰，如今走向了衰落。《圣经》评论过那个时期的雅典人："所有雅典人和外来人除了演说或倾听一些新事物之外什么事也不做。"

没有收音机，也没有无线电报，更没有报纸，那些雅典人在那些天里必须每个下午到处去询问新鲜事。那时保罗来了，有新鲜事了。他们聚集在他周围，很惊讶，很新奇。带他去了阿罗巴谷，他们说道："你所讲的这些新的教义，我们也可以知道吗？因为你带来的这些新鲜事传到了我们耳中，我们想知道这些事是什么意思。"

换句话说，他们邀请他演说。没什么不愿意的，保罗同意了。实际上，那正是他来的原因。可能他站在一块大石头上，像所有好的演说家一样开始时都有点紧张，搓了搓手，在演说之前清了清嗓子。

然而他并不完全同意他应邀演说的原因："新教义……新鲜事"，那是毒药。他必须消除那些想法。他们是矛盾冲突的观点赖以滋生的肥沃土壤。他并不希望像其他新事物及外来事物一样很快提出他的信念。他想要先与他们已经相信的事物建立一种联系，并与之相似。那将消除不满的声音。但是该怎么做呢？他想了一会儿，构思了一个聪明的计划，开始了他经久不息的演说："雅典的人们呀，我看到你们做一切事都非常敬神。"

一些译本说道："你们非常虔诚。"我认为更好、更精确。他们崇拜很多神，非常虔诚，而且也以此为荣。他盛赞了他们，使他们非常高兴。他们开始与他更加亲近。有效沟通演说的一条规则就是以事例来支持述说。他恰恰是那样做的：

"因为当我经过的时候，看到你们的宗教祭礼，我发现放有献辞的供桌，上书'献给不知名的神'。"

你看，那证明他们多么的虔诚。他们如此害怕冷落任何一个神灵，以至于在供奉不知名的神，如同一种综合保险方案中对所有无意中被忽略了的风险都进行了保障。保罗通过提起这张特别的供桌，表明他并非刻意巴结；他表明他的评论是经过观察后由衷的欣赏。

现在就是完美的开场白了："你们不认识而敬拜的神，我现在告诉你们是谁。"

"新教义……新鲜事？"一点也不。他只是解释了有关神灵的一些真相，而这位神灵他们一直在祭拜他，只是并没意识到而已。你看把他们并不相信的事情与他们已积极接受的事情联系起来——这就是一种超级的技巧。

他讲述了有关拯救和复活的教义，引用了希腊诗歌中的很多词汇。演说结束了。一些听众表示嘲讽，但其他人说："我们还想再听听那个故事。"

发表演说使人信服或留下印象，我们的问题只在于此：一味想在他们脑中植入你的观念，却往往使相反的对立的观念滋生出来。

精于说服别人的演说家发表演说感染旁人时都有很强的力量。在我的著作《如何赢得朋友影响他人》一书中所介绍的方法会很有帮助。

几乎你生活的每一天都在与很多人交谈，那些人在讨论中可能与你意见相左。你是否总是能够使人们同意你的想法呢，无论在家里，在办公室，还是在各种社会场合？你的方法还有可能改善吗？你怎样开始呢？是通过展示林肯的策略还是麦克米兰的技巧呢？如果这样，你将是兼具外交才干及高超分辨能力的稀缺人才了。记住伍德罗·威尔逊的话："如果你来对我说：'让我们坐下一起协商，如果我们彼此存在分歧，请理解为什么分歧存在，问题的要点是什么。'不久我们就会发现彼此之间分歧并不大，不同之处非常少，而且共识很多。只要我们有耐心，坦率真诚，希望合作，我们终会步调一致的。"

第十章

发表即席演说

不久以前一群商界精英和政府高官在一家医药公司新实验室的落成典礼上见面了。研究室主任的六七个下属逐个出现，分别讲述由化学家、生物学家开展的工作的进展情况。他们研发了治疗传染病的新一代疫苗，对抗病菌的新一代抗生素以及缓解病痛的止疼药。他们最初用动物做实验，之后在人类临床实验上也取得了令人满意的效果。

一位官员对研究室主任说："真是个奇迹，你们的人真是魔术师。但是为什么你不站起来说两句呢？"

"我只能对脚讲话——不能面对听众。"研究室主任沮丧地说。

过了一会儿，主席出其不意将他请了出来。

"我们还没有听过研究室主任说什么，"他接着说，"他不喜欢发表正式演说，但我想请他对我们说两句。"

太可怜了。主任走上讲台，想办法说了几句，之后他很抱歉不能详细地说什么，这就是他整篇演说的大意。

就是那个人，在所研究领域卓有成就，演说时却似普通人一样，看起来笨拙又迷惘，非常糟糕。这实在不必要。他本可以学一下即席演说。我还从没有见过我班上有一个处事认真决心坚定的学员，连这个都学不会的。一开始，也如这位研究室主任一样——像一个失败主义者那样坚决果断地予以拒绝。然而可能过了一会儿，不论即席演说可能有多么困难，都会毫不迟疑地进行下去。

你可能会说："如果我已经准备好了我的演说，并加以练习，那么我会进行得非常好。但是如果我在毫无征兆的情况下被要求演说，我就不知所措了。"

在某些情况下，整理思路、立刻进行演说的能力甚至于比经过长期艰苦准备而进行演说的能力更为重要。现代贸易需求以及进行现代口语交流所必需的自在随意，都使得快速的思想动员以及进行流利的口语表达能力显得尤为重要。今天影响企业与政府的许多决策并不是出于一人，而是在会议桌上制定的。个人仍旧要发言，但是他所要说的都会形成团体意见。这就是即席演说能力活跃起来并产生效果之所在。

一、练习即席演说

拥有相当自控能力的任何普通人都能够进行一场为听众接受的、常常是精彩的即席演说——简言之就是“即兴发言”。当突然被叫起来说几句的时候,借助几个方法,流利地自我表达能力就能得到加强。其中一种方法就是一些名演员所使用过的套路。

几年前，道格拉斯·费班克为《美国杂志》写了一篇文章，描述了一种智力游戏，他、查理·卓别林以及玛丽·皮克福德两年以来几乎每个晚上都乐此不疲。它远远超过了一种游戏的意义。在所有演说艺术中最难的部分——站着思考进行训练。按照皮克福德所写的，“游戏”进行如下：

“我们每一个人在一片纸上写一个话题。接着我们折好所有的纸片并把它们摇匀。一个人先抽，立刻他就要站起来就那个话题谈六十秒。同一题目我们从来没用过两次。一天晚上我必须谈‘灯罩’。如果你认为很容易那就试试吧。我都不知道怎么通过的。

“然而，关键的好处在于，自从开始玩这个游戏以来，我们三个人变得更加机敏。通过谈及五花八门的话题，我们知道了很多知识。但更妙的是，在短短一分钟的短评当中，我们学会了就任何话题组织我们的知识和思想，并且学会了如何站起来思考。”

在很多次课程当中，我的学员们被要求发表即席演说。长期的体验已经告诉我这种训练有两个要点：①它证明了培训班的人们能够站着思考；②这种经历使他们在发表有准备演说时更具有安全感且充满信心。他们意识到了：如果最糟糕的情况发生，即准备好了材料但脑中突然一片空白，他们仍然可以在即席演说的基础上机智地进行演说，直到他们再次回到原来的思路。

所以培训班学员都曾经听到过这样的话：“今晚你们每个人都会有就不同的话题进行演说，直到你们站起来才会知道题目是什么。祝你们好运！”

会发生什么呢？一位会计人员发现他被要求对广告发表演说。广告营销人员不得不针对幼儿园发表演说。而学校老师的话题可能是银行，银行家的题目可能是学校教育。一位书记员被安排就生产发表演说，而生产专家可能被要求讨论交通。

他们会低头放弃吗？才不！他们不会假装是权威。他们努力以话题中他们所熟悉的知识进行交谈。在第一次努力时，可能他们并没有发表一次好的演说。但他们的确是站了起来，而且他们确实谈了。对一些人来说可能很容易，而对一些人来说则很难，但是他们并没有放弃，他们发现他们能比想象中做得更好。对他们来说这就是一种激励。他们明白自己能够养成一种能力，而这种能力即使他们自己也无法相信能够拥有。

我相信既然他们能做到这一点，则任何人就都能够做到——只要具备意志力与信心—— 一个人做某件事次数越多，则这件事就会变得越容易。

另一种用来训练人们站起来即兴演说的方法，就是“接龙”游戏。对我们班聚会时的每个成员都会具有激励作用。一个学员被告知，由他所创造的最为奇异的词汇开始，率先讲述第一个故事。比如说，他可能会说：“有一天我正驾驶一架直升机飞行，这时我看到一群飞碟飞了过来。我开始下降。但是在最近一架飞碟上有个小人开始向我开火。我……”

这时铃响了，意味着这个演说者的时间到了，下一个学员必须接着讲这个故事。直到班上每个学员都讲完这个故事为止，这个故事可能就结束在火星运河旁或国会大厅里。

这种方法，用于培养不经准备即兴演说的说话技巧，同样令人称奇。人们接受这种训练越多，等到需要他在商业及社交场合即兴发言时，他就越能应付自如。

二、做好进行即兴演说的心理准备

在没有任何准备的情况下，当你被叫起来发表演说的时候，人们常常都希望你能就某话题发表一些权威性的评论。问题在于在这种情况下要决定这么短的时间内究竟要讲些什么。对此熟练应对的最佳方法之一就是在这些情况下做好充足的心理准备。当你出席会议的时候，要不断问你自己如果你被叫起来发表演说，你会说什么。这时话题的哪个方面最适合讲述呢？一旦站起来你会如何措辞，提出对这项提议的赞成或反对意见？

所以我所提出的一条建议就是：所有场合，你要随时做好发表即席演说的心理准备。

这需要你进行思考，而思考则是世界上最难的事情。但我可以确定：任何一位久负盛名的即席演说家在出席每一个公共场合时都要花几个小时去分析去做准备。就像一位飞机驾驶员，不断地向自己提出问题，这些问题在任何时刻都可能出现，从而他随时可以冷静细致地处理好突发状况。一位即席演说能手通过进行事先未曾确定的演说，随时做好准备。这样这场演说也就不是所谓“即兴的”，它们实际也是一场有准备的演说。

你的话题既已知晓，你的问题就在于怎样组织材料才能使其与时间及当时的情景相符合。既然是即席演说，很自然你只有很短的时间发表演说，要尽快决定好题目的哪个方面适合当时的场合。不要因为没作准备而心怀歉意。这是意料中的事情。

三、立刻列举具体事例

为什么？有三条理由：①你将不必立刻费力为措辞大伤脑筋，因为实际经验在即席演说中很容易述说。②你将由此进入到演说当中，刚开始的神经紧张将荡然无存，并有机会为你的话题进行热身。③你将立刻吸引听众的关注。正如第七章所指出的，事件作为范例是迅速吸引关注最有效的方法。

演说的前几分钟，你所讲的事例中最有趣的部分使听众关注，则他们会在你最需要时，使你恢复信心。交流是一个双向的过程，获得关注的演说者会立刻意识到这一点。当他注意到存在接收的力量，并感受到那种期盼就像电流般从听众头脑中发出时，他就会尽最大能力继续下去。演说者与听众之间建立的这种融洽的关系是一切演说成功的关键——没有它就不可能有真正的交流。那就是为什么我要求你们以事例开始，特别当你被要求讲几句话的时候。

四、语言活泼而富有力量

在本书前文中，我多次说过，如果你充满活力地发表演说，你的外在活力将会对你的心理过程产生有益的影响。你曾注意到一个人在演说时开始打手势吗？很快他就会谈吐流利，有时神采飞扬，并进而吸引住一群充满期待的听众。生理活动与心理活动是紧密关联的。我们用同样的话语描述手势和心理活动，比如说，我们说“抓住了一个观点”,或者“掌控了一种思想”。一旦我们使身体充满活力，正如威廉·詹姆斯所指出的，我们将很快使思想高速运转。所以给你们的建议就是全身心投入演说，这样将确保你如一个即席演说能手一样获得成功。

五、使用此时此地原则

当某人轻拍你的肩膀对你说“来两句怎么样？”或者根本就没有什么预兆，就到了你发表即席演说的时间了。或许你正在轻松享受庆典主持人的评论，突然你意识到了他们正在谈论你，每个人转过头来看着你，在你还没弄清楚怎么回事的时候，你就被介绍成为下一个演说者了。

这种情况下，你的心中一片茫然，就像史蒂文·李卡克笔下那位有名的糊涂骑士，上了马“就四处乱窜”。如果这样，现在就是保持镇定的时候。你可以先向主席致辞，借此有个喘息的机会。接下来，你要开始发表与听众密切相关的言论了。听众只对涉及自身的和自己正在做的事情感兴趣。因而有三个来源，可供你借以构成为即席演说的主旨。

首先是听众本身。请你记住这一点。谈论你的听众，说说他们是谁，他们在做什么。特别是他们对于社团或者为人类做出什么贡献。举一个特殊的事例来证明你的观点。

其次是演说场合。可以讲讲举行本次会议的环境。是大学纪念性的年会还是政治性或爱国性的集会？

最后，如果你是一位细心的听众，在你之前另一位演说者说到了一些特殊的事情，你可以提及你很高兴听到这一切，并对之进一步加以阐述。最成功的即席演说就是真正的即兴展示。演说者心中对听众及现场的感受，可以尽情地表达出来。成功的即兴展示对现场情况的切合就像手和手套一样，就是单独为这种场合所特制的。即席演说的成功之处也正在于此，它们在特定的时刻繁荣蓬勃，就像极少绽放的玫瑰，接着离开场景之时即慢慢萎谢。但是听众所享受到的快乐长存，在你还未想到之前，你已经被当成即席演说专家了。

六、是即席而谈，不是随兴乱讲

随兴乱讲只是在喋喋不休地将毫无任何关联、没有任何结果的事情串联起来，这根本不够。你必须使你的观点按逻辑顺序围绕着一个中心思想，而这个中心正是你要传递给听众想让他们理解的。你的事例要紧密地结合这个中心大意。再者，如果你充满热情地发表演说，你会发现你即兴所说的一切都充满活力，是有准备的演说所不能企及的。

如果你用心记住本章所提出的一些建议，你就能成为一名优秀的即席演说能手。你可以按照本章前几部分所解释的技巧进行训练。

如遇有集会时，你可以制订一些初步计划，并在任何时刻都要当心被叫起来讲话。如果你认为你可能被要求发表评论和建议，要注意其他演说者说了些什么。试着准备将你的观点凝练成几句话。

当时间来临之时，尽可能坦率地谈出你的所思所想。你的观点在你开讲之前已经经过你的探索，只需简单地谈出来后，你就可以坐下了。

建筑工业设计师诺曼·贝尔·戈蒂斯曾说过，如果他没有站起来进行演说的话，就无法将思想融入演说之中。而当他与合作伙伴谈论有关建筑及展销的大型计划时，会在办公室里来回踱步，他在尽力使自己调整到最佳状态。因为他不得不学会就座时如何进行论述，当然他也做到了。

对于我们大多数人来说，当然还有其他方法，而我们不得不学会如何站起来演说，当然我们也能做到这一点。首要的秘诀在于一个好的开端——发表一篇简短演说——接着是又一个开始，再一个，再一个。

我们会发现每一次都会比前一次更轻松，每一次都会比前一次更加精彩。我们最终将意识到：相比于在卧室中与朋友进行私下交谈，当众即兴演说只不过是一个扩展而已。

第四部分
沟通的艺术

构成此部分的章节完全致力于话题的演说。

这里再次强调本书第一部分所谈及的有效沟通的基本条件：获得话语权以及拥有一种与听众共同分享信息的渴望。表达则是二者共同作用的结果。仅仅通过这种方式，演说才是自发的以及水到渠成的。

第十一章 发表演说

你相信吗？我们接触世界有四种方式，也只有四种方式。我们以这四种方式的接触而被人所评介、归类：我们对世界做了什么，我们怎么看世界，我们说了什么，我们怎么说的。这一章我们将处理最后一个问题——我们怎么说的。

当我第一次开始教授公共演说课程的时候，我花了大量的时间进行发声训练以培养学生利用共鸣，训练他们增大音量，并学会抑扬顿挫地演说。然而不久之后，我开始发现教授成年人如何将音调引入鼻窦以及如何形成“透亮的”元音，其结果完全是徒劳无功的。对于那些三四年以来一直致力于改善自身声音传递技巧的人们来说，这可能非常有用。然而我意识到，我的学员只能依靠自己先天的发音条件了。我发现，如果把从前帮助班级学员“膈膜呼吸”所花费的时间和精力用在更重要的目标上，即帮助他们从不敢放胆去说的自我禁锢中解脱出来，这样我将达到真正令人吃惊的、更快更持久的效果。我感谢上苍让我聪明地做到这一点。

一、冲破自我意识的束缚

我课程中有几节课的目的在于使成年人摆脱束缚与紧张。我甚至于跪下恳求学员们从壁垒中出来。如果他们做到这一点的话，会发现世界将很热诚地对待他们，欢迎他们。我承认，这确实不容易但很值得。正如富歇元帅谈及战争艺术时所说的："理念上很简单，但执行起来很困难。"当然最大的障碍就是顽固不化，不只在生理上，而且在心理上，是一种与成长相伴的阻碍。

在听众面前很难表现得自然。这一点演员们都知道。当你们还是个孩子时，比如说四岁时，你很可能登上讲台面对听众很自然地谈起来。但是当你二十四岁、四十四岁时，你登上讲台开始演说时会发生什么呢？你还会保留四岁时所拥有的坦然吗？你可能会，但也同样可以确定的是，你会变得僵化、拘谨而机械，很像一只乌龟缩进壳里去，需要有人敲打一下才会露出头来展示一下。

训练成年人演说并不是训练他们添加一些个人特性，很大程度上是在帮助他们消除障碍。

几百次在他们演说过程中我让他们停下来，要求他们"像平常一样谈话"。数百个夜晚由于我总是试着反复训练学员们自然地交谈，当我回到家中，总是累得筋疲力尽。不，相信我。这并不像想象中的那么容易。

在我班上的一次聚会上，我要求他们将对话演示出来，而一些对话甚至还是方言。我要求他们无所顾忌地将自己投入到剧情排演当中。当他们这么做时，发现自己惊讶的表情：虽然他们表演时就像个傻瓜，但真正做起来时，没有人感到很糟糕。全班同学都很惊讶，因为一些学员展示出了其戏剧表演才能。我的观点就是：每天面对个人或群体正常地表述你的观点时，一旦让你在一个群体面前无拘无束地表演，你就不可能停得下来。

那种突然的自由使你就像一只刚刚出笼振翅高飞的小鸟。你明白为什么人们一窝蜂拥向剧场或电影院吗？因为在那儿他们看到同龄人极少或不受抑制地表演，在那儿他们看到人们在光明正大展现自己的感情。

二、不要模仿别人，你就是你

我们都很羡慕那样的演说者，即他们能够将演出技巧加入演说当中，能够无所顾忌地表达自己的观点，能够无所顾忌地用独特的、个性化的以及富有想象力的方式说出他们对听众要说的话。

第一次世界大战结束后不久，我在伦敦见到了罗斯爵士和凯斯史密斯爵士兄弟。他们驾驶第一架飞机从伦敦飞往澳大利亚，从而获得了由澳大利亚政府颁发的五万元奖金。这一创举在整个英国引起轰动，他们被英王赐封为爵士。

一位知名的风景摄影家胡雷上尉与他们共同飞行了一段旅程，途中拍了很多照片。我帮助他们准备了一场以图片展示为主的旅程演说，并训练他们进行表达。他们每天在伦敦音乐厅进行两场演说，一场在下午，一场在晚上，一共持续了四个月。

他们尽管有着相同的经历，肩并肩环绕世界飞了一半路程，而他们也发表着相同的演说，几乎语句都差不多。然而不知怎么听起来根本就像是不同的两场演说。

演说中除了话语还有别的因素在起作用。他们传递的还有各自的特色，说什么与如何去说并不完全一样。

俄罗斯大画家布鲁洛夫曾经纠正过一名学生的作品。这名学生惊讶地看着这幅经过改动的画作，惊呼："为什么，您只是改了一点点，就完全是另一幅画。"布鲁洛夫回答："艺术就源于那一点点。"如同绘画与帕德雷斯基的演奏一样，演说也是如此。

当一个人说话时，也是同样有效。在英国国会有一条古老的谚语：一切取决于一个人说话的举止动作，但又并不取决于举止动作。很久以前，当英国还是罗马帝国偏远的一块殖民地时，昆特连就曾说过这句话。

"所有的福特车确实很相像。"它们的制造商曾这样说过，"但是任何两个人就不可能相像。每一个新生命都是太阳照耀下的一个新事物，此前没有和它完全相同的，此后也不可能会重复出现。年轻人应该培养那种观念，他们应该追求个性的独特，这种独特使他们不同于其他人，并且由此发展出自己的价值。社会与学校可能会试着消除它，它们的倾向是将我们所有人置于同一个模式中，但是我要说，不要让心中那种独特的个性丧失，那是你个人重要性唯一真实的凭证。"

对有效演说而言上面这段话更是正确无疑的。世界上所有人都同你一样。几十亿人都有一双眼睛、一只鼻子和一张嘴，但是他们看起来又与你完全不同。他们之中没有人与你有确实一致的特征以及思考方法。当你很自然地表达时，很少有人同你一样谈论、表述自己的观点。换句话说，你有自己的独特性。作为一个演说者，这是你最宝贵的财富。抓住它，珍惜它，培养它。正是这种独特性让你的演说产生力量与真诚。“那是你个人重要性唯一真实的凭证。”所以请不要试图强迫自己进入一个模子中，由此丧失你的独特性。

三、与听众交谈

让我们给你一个例子，那是很多人谈话时的一种典型的方式。一次我碰巧在瑞士阿尔卑斯山的疗养胜地穆伦停留。我住在旅馆里，那家旅馆由一家英国公司经营。他们每周都从英国请来两位演说者对宾客发表演说。其中一位是英国知名的小说家，她的题目是“小说的未来”。她承认这个话题不是她自己选的。总起来说，她对这个题目没什么可说的，也就谈不上是否值得表达了。她匆忙地做了些凌乱的笔记，就站在听众面前，她根本无视听众的存在，甚至于都不看他们一眼，偶尔扫视一下他们的头顶，有时看看她的笔记，有时瞅着地板。她的声音缥缈幽远，眼神捉摸不定，言辞空洞乏味，将听众带入了虚幻之中。

那根本就不是发表演说，而是一种自言自语。也没有什么沟通感。好的演说头等重要的就是沟通感。听众必须感到有一股信息从演说者的脑海和心田传递到听众的脑海和心田。我刚才所描述的演说场景简直就像是在沙漠里进行，听起来就好像在以沙漠为听众，而不是向一群人发表演说。

关于演说的表达技巧，有人写过大量荒谬拙劣的评论，使之一直笼罩在各种规则和仪式中显得更为神秘。过时的“演说术”经常使其荒唐可笑。商人们打算去图书馆或书店，会发现大量有关“演说术”书籍根本毫无用处。不管其他方面如何进步，如今在美国几乎每一个州，学校的孩子们仍然被迫背诵制作考究的《“演说家们”的雄辩术》——这就像扁头打气泵一样毫无用处，像羽毛笔一样过时。

一个个全新的演说学校自20年代以来不断涌现。它们紧跟时代特色，像汽车一样富有现代气息，并具有实践性；像电报一样直截了当，像广告宣传一样商业化。曾一度时尚的华美言辞已不再为现在的听众所接受。

不论是有十五人参加的商业会议，还是上千人济济一堂的大型会议，现代的听众都想让演说者如闲聊一般直接说出演说的内容，并以同样普通的方式和其中一位进行交谈，这种方式需要有更大的精力。为了表现得自然，相比于与某个人进行交谈，对四十人发表演说时，必须拥有更大的活力。就像建筑顶端的一尊神像，必须具有巨大的身形，才能使得广场上的观察者看来它更具有常人的身形。

马克·吐温在内华达州的一处矿场发表演说，在演说结束之后，一位上了年纪的探矿者走近他问道：“你平常说话的声调就是这样吗？”

那也是听众所希望的，“你平时讲话的声调”再稍微提高一些。

获得这种放大了音量的很自然的音调，唯一的诀窍就是训练。而且，在你训练的时候，如果你发现自己的谈论刻板生硬时，那就停下来，心里严厉地对自己说：“哎呀！哪出了错？醒醒吧！人性一点。”接着心里想象着在听众中挑出一个人，这个人或者坐在后排，或者最不专心，之后对着他开始交谈。要忘记还有别的人出席。与这个人专心交谈。想象着他有问题要问你，你要回答他，而你也是唯一一个能够回答他的人。如果他站起来和你交谈，你就要加以回应。那个过程将立刻不可避免地使你的演说更具有对话交谈的特点，更自然，也更直接。所以，想象一下上面那些情况确实就是正在发生的事情吧。

通过训练，实际上只要提出问题并加以回答，你都可以进行下去。比如说，在你演说过程中，你可能会谈道：“你们要问我这个观点有什么证据吗？我有充足的理由……”接着回答这个问题。这样做能够显得非常自然顺畅。这将打破演说者一个人聊个没完的局面，使得演说更为直接、快乐并富有对话交谈的特征。

对商会成员进行演说的时候，就像你与约翰·亨利·史密斯进行私下交流一样。商会不就可以看成是有很多的史密斯先生聚在一起吗？单独面对每个人成功交谈，与面对他们一个整体进行演说，在方法上又会有什么不同呢？

在本章前几部分讲述过某位小说家的演说方式。数晚之后，就在那个女小说家发表演说的那个舞厅中，我们很高兴地听到了奥利佛·罗基爵士的演说。他的题目是“原子及世界”。就这个话题，他奉献出了半个多世纪的思想、研究、试验以及调查结果。有一些内容其本质就是他内心、脑海以及生命中的一部分，他非常想把它们说出来。他忘记了是在作一场“演说”，无所顾忌地说着一切。他仅仅关心要向听众谈论原子，精确地、清楚地、富有感情地向他们讲述一切。他真心地试图使我们看到他所看到的东西，感觉到他所感觉的东西。

结果是什么呢？他进行了一场引人注目的演说，充满了魅力与活力，给我们留下了深刻的印象。他是一位具有特殊能力的演说家。然而我确信在灯光下，他从来没把自己当成是演说家。我也相信听过他演说的人，没有人会把他当作是“公共演说家”。

如果你当众演说，以至于听过的人们怀疑你接受过专门的公共演说训练，那么对你的老师而言绝不是一种赞美，特别是对我培训班上的老师而言。他希望你以非常自然的口吻进行演说，听众也不会认为你曾接受过“正式的”训练。一扇好的窗户不会引起别人的注意，它只会让光透进来。一个好的演说者也是如此，他是如此轻松自然，听众永远不会注意到他的言谈举止，只会关注他所讲的内容。

四、全身心投入到演说之中

忠诚、热情和高度的真挚也会帮助你。当一个人在其真情实感影响之下，他真实的自我就会显现出来，所有障碍将会清除，情绪的火热将会融化一切阻碍。他会自发地表演，自发地进行演说。他会应付自如。

所以我们谈论的演说技巧，归根结底又回到了本书中我们多次强调的东西——全身心投入演说中。

布朗院长在耶鲁神学院进行布道演说："我永远不会忘记我朋友有关教堂礼拜仪式的描述，他曾有幸参加了在伦敦举行的这场仪式。传教人是乔治·麦克唐纳。他先阅读了《新约·希伯来书》第十一章早课的经文。当布道时间来临，他说道：'你们都听到了有关这些人的忠诚信念了。我将不打算告诉你们忠诚是什么。神学教授会比我做得更好。我在此只想帮助你们树立信心。'接着他又对这个人关于恒久的、看不见的、现实存在的信心，以简单、挚诚而又庄严的方式进行了演示，使所有听众思想和内心都产生了信心。他一直在专心于他的工作，他的演说极富成效，因为它出自于他内心生活中真实的美感。"

"他一直在专心工作。"这是一个成功的秘诀。然而我知道像这样的建议并没有受到广泛的欢迎。因为它看起来很模糊，听起来不确定，一般人想要万无一失的准则，想要确定的东西，能够抓在手里的东西，就像在驾驶汽车时明确的指导手册一样。

那就是一般学生所想要的东西，那也是我想给他们的东西。对他们而言会很容易，同样对我也会很容易。这样的规则并非没有不足，它不对劲儿的地方就是没有效果。这样在你的演说中就缺少了自然平和与自发自愿，也缺少了生命力以及色彩。我知道这一点。在我年轻时，浪费了大量的精力去尝试。它们不会在本书中出现，正如乔希·比利斯以更为轻松的语气调侃说："知道了那么多没用的东西还是没有用处。"

埃德蒙德·伯克撰写演说词时，在逻辑推理以及组成结构方面非常优秀，以至于今天这些演说词很多仍被当作样板在大陆很多大学学习。然而伯克作为一名演说者，本身又是失败者。他没有能力将其精彩语句传播出去使听众兴趣盎然、充满力量。所以他被称为国会下院的"晚餐钟声"。当他开始演说时，其他人咳嗽着走开了。

你能够用尽全力将包有钢铁的子弹投向某人，但你并不能在他的衣服上留下凹痕。但是如果在蜡烛尾端涂上火药，你就能够射击穿过松木板。我遗憾地说，相比于包裹着钢衣的生硬的演说而言，涂有火药的蜡烛式的演说给人们留下的印象更深。

五、训练使你的声音有力并且富有弹性

当我们真正与听众交流思想的时候，我们会充分利用发声器官和身体的各部分。我们耸耸肩，动一下胳膊，皱皱眉，增加音量，变换一下音调和语调，根据场合及材料的不同讲话声音有快有慢。要记住所有这些都是最后的结果而不是起因。这些所谓的变化，或者音调的调整，都是在我们精神及情绪状态的直接影响下产生的。当我们面对听众时，有一个我们熟悉的、兴奋的主题如此重要，其原因就在于此。这也是为什么我们必然极其渴望与听众分享的原因。

随着年龄渐长，大多数人失去了年轻时进行演说的纯真与自然，所以渐渐滑落到了一种身体和声音交流的固定模式当中。我们发现自己很少为姿势和动作去做准备；我们很少提高或降低音量。简而言之，我们丧失了真实交流、沟通的新鲜感及自然淳朴。我们可能或快或慢陷入了一种演说的习惯当中，如果不仔细观察，我们的措辞也会变得粗枝大叶漫不经心。本书中已多次要求你表现自然，可

能你会认为我因此就能够容忍贫乏的词汇或单调的演说。正相反，一方面，我认为在感觉上我们应该自然淳朴、精力充沛地表达我们的观点。另一方面，每一个好的演说者都无法接受下面的想法，即自己在用词上已不能尽善尽美，也根本不能具有丰富的想象力、华丽的辞藻、多变有力的表达了。

一方面，根据声量，音调的变化以及节奏感评价自我是一个好方法。这可以利用录音机来实现。另一方面，由朋友帮助你作出评价也非常有用。如果能获得专家的建议当然更好。然而应该记住，这些方面的训练都缺少听众的参与。当你面对听众时，如果特别在意这些技巧，那么它们对于演说效果而言将会是非常致命的。一旦到了那儿，倾全力投入到演说中，全身心地注意如何使你的听众在心理上、情感上留下印象。比起从书上得到的东西，它会使你更加强劲有力。

第五部分
有效沟通的挑战

在这一部分我们将把本书介绍的方法和技巧与日常演说联系起来，这类的日常演说包括了从社交谈话到正式当众致辞的各种形式。

我们现在假定你即将在训练情形之外发表演说。两种类型，或者是对另一演说者的介绍或者是一段长篇演说。因此，我们包括了两章，一章内容涉及发表介绍性质的演说;另一章则涉及长篇演说的组织，从引言到结论。

最后一章再次强调本书提及的方法可用于日常演说以及公共演说。

第十二章

介绍演说者、颁奖辞和获奖感言

当你应邀当众发表演说的时候，你可以介绍另一位演说者或者发表一篇更长的演说，来说明情况，使听众快乐，使听众信服，或者说服他们。可能你是一个民间组织的节目主持人或者一家妇女俱乐部的成员，你又面临在下一次会议上推荐主要演说者的任务，或者你要对当地的家庭教师协会、销售小组、工会集会或者政治组织致辞，而你也期盼那一时刻的到来。在第十三章，我将就准备长篇演说的问题提一些建议；这一章将就如何准备一篇介绍性演说为你提供帮助。接着我将就颁奖和领奖方面的问题也提出一些有价值的意见。

作家及演说家约翰·马森·布朗，因其生动的演说在本国有口皆碑，他一天晚上正在和一个人交谈，这个人要把他介绍给听众。

“不要担心你要说什么，”这个人告诉布朗先生，“放松。我不相信需要准备什么演说。

不，准备没什么好处。它破坏事物的美好之处，消除了快乐。一旦我站上讲台，我只是在等待灵感的出现——这样永远不会失败。”

在布朗先生的著作《如我所愿》一书中，他回忆说，这些安慰性的话语让他期盼有一篇好的引荐词。但是当那个人出现发表演说时，出现了这样的话语：

“先生们，可以请你们注意一下吗？今晚我们有几条坏消息要告诉你们。我们想让艾萨克·F.马克松先生给你们发表演说，但是他不能来了，他生病了。（鼓掌）接着我们请求布莱奇德参议员给大家致辞……但是他很忙。（鼓掌）最后我们试着邀请堪萨斯城的洛伊德·葛罗根博士屈尊来为大家说两句，也没成功。（鼓掌）因此，我们由——约翰·马森·布朗先生来代替。（沉默）”

布朗先生回忆起那种窘境，只说了一句：“至少我的朋友，那位灵感专家没有说错我的名字。”

当然你会发现：那位确信他的灵感可以带着他渡过一切难关的先生，如果他还要这样做的话，将会更糟。他的介绍违背了对以下群体承担的一切责任：既包含了他所要介绍的那些演说家，也包括了听演说家发表演说的听众。责任并不很多，但他们都很重要，而令人吃惊的是很多节目主持人都没有意识到这一点。

介绍性的演说与社交推荐有同等的目的。它将演说者与听众联系在一起，建立一种友好的氛围，并在他们之间建立一种兴趣交流的纽带。有人说：“你不必作演说，你所要做的一切就是介绍那位演说者。”则他本身就犯下了一个错误。可能因为许多主持人认为介绍并不重要，实际上，他们受托进行准备，并且正发表这种介绍性演说。

“介绍”这个词由两个拉丁文单词构成，其一是“intro”代表内部，其二是“ducere”，代表引荐。那么一篇介绍性演说应该引领我们进入主题内部，足以使我们想听一下它所讨论的内容。它同样应该引领我们了解有关演说者的内部情况，这样的情况表明讨论这种特定主题的恰当之处。换句话说，一篇介绍性演说应该将题目“卖”给听众，同时应该“卖”给被推荐的演说者。而它应该以尽可能最为简短的时间做到这一切。

那就是一篇介绍性演说所应该做的。但是做到了吗？十之八九没有，肯定没有。大多数介绍过于贫乏、苍白无力，存在无法原谅的不足。他们本不必这样。如果进行介绍的演说者意识到他任务的重要性，并以正确的方式去进行，那么他将很快就会如同主席或庆典主持人一般必不可少。

以下一些建议将帮助你发表一篇条理清晰、结构严谨的介绍性演说。

一、对所要说的内容作彻底的准备

即使介绍性演说很短小，几乎不超过一分钟，也需要做精心的准备。首先你必须收集素材。这些素材主要有三条：演说者谈话的主题；他谈这个话题的资格；他的名字。常常还有一条会出现——演说者选择这个话题的原因，这点也特别能吸引听众。

你一定要知道这篇演说的准确题目以及有关演说者酝酿这个话题的一些事情。最尴尬的事情就是，演说者宣称介绍中某个部分与其立场不符，并不真实，并对介绍表示异议。而这能够通过以下措施予以避免，要确保你知道演说者的主题是什么，避免尝试去猜测演说者会说些什么。而你作为介绍者的责任则要求你必须正确说出演说者演说的题目，并且指出与听众兴趣相关的部分。如果可能的话，试着直接从演说者手中获取这样的信息。如果你不得不依赖第三方，比如说一个节目主持人，则应该试着在会前得到有关书面信息，并向演说者求证。

接着可能你的大多数准备将涉及演说者资质材料问题。一些情况下，如果你的演说者声名显赫，那么你将能够从《名人录》或者相应的书籍中获取准确的资质材料。如果是地方上的人物，那么你可以求助于他所就职公司的公共关系部门或人事部门；某些情况下，还可以通过拜访他的密友或其家人验证你的资料。主要的目的是使演说者的个人资料准确无误。演说者周边的人会很乐于提供这些材料的。

当然了材料太多会让人厌烦，比如说，当你提到了他已拥有了哲学博士学位时，再去谈及他拥有了一个理学学士学位以及文学硕士学位就是多余的了。类似的，最好列出一个人所就任的最高、最近一段时间的职位，而不是列出自他大学毕业后所担任的一大串职位。总而言之，不要忽略个人职业生涯中最杰出的成就，不重要的部分就可以略掉了。

比如说，我听说过一个知名的演说家——应该是家喻户晓了——打算介绍爱尔兰诗人W.B.叶芝。叶芝要朗读自己的诗作，三年之前他刚刚获得了诺贝尔文学奖，那是授予文人的最高奖项。我相信有不到百分之十的听众知道这个奖项和它的特殊意义。本来在会上应该通过各种方式对这二者加以强调。即使别的什么也不说，这两件事也一定要当众说出来。但那位演说家是怎么做的呢？他完全无视这些事实，偏离主题去谈论古典神话与希腊诗歌。

尤其重要的是，一定要确定演说者的名字，并从一开始就务必熟悉它的发音。约翰·马森·布朗说他曾被介绍为约翰·布朗·马森，甚至于约翰·史密斯·马森。加拿大杰出的幽默作家史蒂文·李科克，在他的一篇充满幽默的小品文《今晚与我们相伴》里，讲述了他所经历过的一篇介绍，其中介绍人这么说的：

“我们很多人在此怀着快乐期盼的心情等候李洛德先生的光临。从他的书中，我们看起来已经很熟悉他了，就像一位老朋友。

而实际上我认为，即使告诉李洛德先生他的大名在我们这座城市里已经家喻户晓也毫不夸张。我非常非常荣幸地将他介绍给你们——李洛德先生。”

搜集资料的主要目的是为了要介绍得更为详尽明确。因为只有更为详尽明确，这篇介绍才会达到它的目的——提高听众的注意并使他们接受演说者的演说。参加会议而没有做任何准备的主持人经常会说出令听众迷迷糊糊昏昏欲睡的话来：

“我们的演说者是众所周知的权威，在——在他所在的领域。我们非常想知道就这个话题他会说些什么，因为他来自一个——一个很远的地方。我非常荣幸他能出席，让我们现在看看，哦，在这儿——空白先生。”

通过几小时的准备我们就能避免给演说者与听众都留下恶劣的印象的介绍。

二、采用T-I-S（题目—重要性—演说者）公式

对于大多数介绍性演说来说，在组织所收集的材料时，T-I-S公式同样也是一种很方便的指导。

1. T代表topic（主题）。通过给出演说者谈话的确切主题开始你的介绍。

2. I代表important（重要性）。在这一步中，你要在主题与这个群体特殊兴趣之间架起一座桥梁。

3. S代表speaker(演说者)。这里列出这位演说者优秀的资质材料，特别是那些与主题相关的资质证明。最后你要明确清晰地给出他的名字。

在这个公式之间有足够的空间发挥你的想象力。这篇介绍不必要再被切割挤压了。这里给出一篇介绍，这是一个遵循此公式的实

例，而无须给出此公式的实际效果。这是由纽约市一位编辑荷姆·桑提供的，他在向一群新闻从业人员介绍纽约电话公司总经理乔治·韦伯姆：

“我们演说者的题目是‘电话服务于你’。

“对我来说，世界上有很多奇妙的事情，如爱情或赛马人的坚持不懈，还有就是当你打电话时所发生的事情。

“为什么你会拨错号码？为什么有时你从纽约打电话到芝加哥，比从你自己的家翻过一座山到另一个小镇还要快速？我们的演说者知道这些答案，还有与其他一切有关电话的问题的答案。他已经从事这项工作二十年了，完全了解电话行业的各种细节，并使这种行业对于其他人来说也同样清楚明确。他就是电话公司的总经理，他通过自己的努力工作赢得了这个职位。

“现在关于这家公司为我们服务的方法，他将予以讲解。如果你们对于今天的服务感觉非常友好，就将他视为守护神吧。如果你近来对电话的问题感到困扰，那么让他成为答辩发言人吧。

“先生们女士们，这位就是纽约电话公司副总裁乔治·韦伯姆先生。”

注意一下，这位介绍人是如何诱使听众想起电话的呢？通过回答问题，他激发起他们的好奇心，接着再挑明那位演说者能够回答这些问题以及任何其他听众可能有的问题。

我怀疑那种说法，即这篇介绍曾被写下来或进行了背诵。因为即使在纸上，听起来也像闲聊一样自然。一篇介绍决不应该背下来。克妮莉亚·欧提斯·斯金纳曾经让一位晚会主持人介绍自己，当主持人开始的时候她忘记了背好的词。克妮莉亚只好深吸一口气接着说：“由于伯德上将离谱的要价，今晚与我们共度的将是克妮莉亚·欧提斯·斯金纳小姐。”

介绍应该是自然而然的，仿佛临场产生，而不是拘禁的、严肃的。

在对韦伯姆的介绍中，没有一句套话，像这样的话："这是我们的莫大荣幸""向人们介绍你是我的莫大荣幸"。提出一位演说者的最佳方式就是说出他的名字，或者说"我介绍"再提出他的名字。

有的主持人谈得太长使听众坐立不安；有的主持人则陷入雄辩的幻想当中，想使演说者和听众深深记住自己的重要性。还有一些主持人出现令人难受的错误，扯些无聊的笑话，有时演说品位也不高，或者使用一些"幽默"来抬高或贬低演说者的声誉。凡是有心使自己的介绍发挥出高效力的主持人，所有上述这些错误都应该着力避免。

另一个有关介绍性演说的例子，完全采用"题目—重要性—演说者"公式，然而却有自己的个性。特别要注意：当埃德加·L.斯纳迪在介绍卓越的科普教育家及编辑乔纳德·温特的时候，将公式的三个阶段融会贯通。

"我们演说者的主题'今天的科学'是一个严肃的事情。它使我们想起这样一个故事：有位精神病患者怀疑自己的心里藏着一只猫。精神病医生当然无法证明这是不可能的，就假装做了一个手术。当这个人从麻醉当中醒来的时候，医生给他看了一只黑猫，并告诉他他的麻烦已经解决了。而他回答说：'对不起，医生，但是让我烦恼的那只猫是灰色的呀。'

"这就是今天的科学。你本想去抓一只叫U-235的小猫，然而你却碰到了一群小猫，名字叫作镎、钚、铀233或其他别的元素。像一个芝加哥的冬天，这些元素都被一一制伏了。古时的一位炼金术士，是第一位原子科学家，他在死前祈求上苍能再给一天的寿命以发现宇宙的秘密。现在科学家们则制造了宇宙中从来没有想到过的秘密。

“今天我们的演说者是这样一个人，他知晓科学现状是什么或将来可能是什么。他是芝加哥大学化学教授，宾夕法尼亚州立大学校长，俄亥俄州哥伦布市巴德尔工业研究所所长。他是一位科学家，在政府机构任职，也是一位编辑和作家。他出生于爱荷华州的达文波特，并在哈佛大学获得学位。他在兵工厂完成训练，并遍游欧洲。

“我们的演说者是一位作家和编辑，编写了大量的科学教材。他众所周知的著作是《未来世界的科学》，是他担任纽约世界博览会的科学部主任时出版的。他是《时代》《生活》《财富》以及《时光流逝》各刊物的科学顾问，他对于科学发现的解释吸引了广大听众。由该演说者编辑的《原子时代》于1945年出版，十天后原子弹在日本广岛爆炸。他的口头禅是‘最好的总会到来’。确实如此。我很荣幸他能出席,而你们也很高兴能听到他的演说。这位就是《科学画报》主编，乔纳德·温特博士。”

不久以前，有一种演说时尚，即在介绍演说者时对演说者加以吹捧。主持人那成堆的奉承话涌向演说者。可怜的演说者常常被这种谄媚言辞击倒。

密苏里州堪萨斯城广受欢迎的幽默作家汤姆·克林斯，他有一次对《主持人手册》的作者赫伯特·普罗西奥说：“对于演说者而言，想要为了幽默先承诺听众：他们会很快因为乐不可支在走廊上来回翻滚，那将会是致命的。当一个主持人开始小声嘀咕说起威尔·罗杰斯时，你知道你就不如割腕回家吧，因为你也毁了。”

另一方面，不要赞誉过低。史蒂文·李科克回忆起，有一次，他不得不对以这种方式结束的介绍性评论有所反应：

“这是我们这个冬天一系列演说中的头一讲。上一个系列，我们都知道，并不成功。实际上，我们今年年底出现了赤字。所以今年我们开始起用了新的一批演说人，并以更低廉的人才做这种尝试。我可以请出李科克先生。”

李科克先生干巴巴地进行评论：“在听众面前被标以‘廉价人才’，并爬上讲台，想一下会有怎样的感受。”

三、充满热情

在对演说者进行介绍时，方法与题材同等重要。你应该试着表现友好，而不是说你如何如何高兴，试着使你的演说表现出真正的快乐。如果你发表的介绍性演说在最后营造了一种高潮，即当你宣布演说者的名字时，听众的期盼感将会上升，他们将以更加热情的掌声欢迎演说者的出场。听众这种善意的表达将反过来有助于激发演说者尽最大努力发表演说。

你的介绍正要终止时，当场宣布演说者的名字，最好记住这些词，即“暂停一下”“分段”以及“力量”。“暂停”意味着就在名字念出之前的宁静将会使听众的期盼达到极限；“分段”则意味着姓名之间应该通过轻微的停顿加以分割，以便使听众对演说者的名字有一个清楚的印象；而“力量”则意味着充满活力与力量地念出这个名字。

还有一个忠告：当你宣布演说者的名字时，请不要面向他，而应该面向听众直到最后一个音节完全吐出，接着再面向演说者。我已经发现有无数的主持人都进行了一个好的介绍性演说，然而最终都毁在了最后一个阶段，因为他们面向演说者一个人念出他的名字，使听众认同感消失无踪。

四、要热心忠诚

最后要保证真诚。不要陷入到反对性的评论中或者虚伪的幽默当中。挖苦人的介绍也常常会令听众中的一些人误解。要热心真诚，因为你处于社会场合，需要极高的手段与策略。你可能与演说者很熟，但听众不熟，你的有些评论虽然并无恶意，但仍可能会招致误解。

五、充分准备颁奖辞

“已被证明人心中最深切的渴望是对赞誉的渴望——对荣誉的渴望！”

当作家玛格丽·威尔逊写下上述这句话时，她表达了一种普遍的感情。我们都想要与生活和睦相处，我们都希望被人欣赏，被人称赞，哪怕仅仅只是一句话——更不用说在正式事务中接受别人的褒奖，这些都会奇迹般地振奋我们的精神。

网坛明星埃尔蒂·吉布森设法将这种“人心中最渴望的”极为恰当地融入了她自传的题目中。她为之起名为《我想要成为重要人物》。

当我们发表颁奖辞时，我们确信接收者真正是重要人物了。他以某种努力获得了成功，理所应当获得这项荣誉。我们会聚在一起颁发给他这项荣誉。我们的颁奖辞应该很简短但应该经过仔细的思考。对于那些现在习惯于接受荣誉的人，可能这并不意味着什么，但对于其他不太走运的人而言，则可能毕生难忘。

因此我们应该认真地考虑颁奖辞的选取。这里有一个历久不衰的程式。

1. 讲述为什么这项奖励被设立。可能是为了长期的服务工作，或者可能为了赢得一场比赛，或者只是为了某项引人注目的成就。简单地解释一下。

2. 讲述一下听众感兴趣的一些事，这些事谈到获奖者的生活及行为。

3. 说明获奖人获奖是多么值得以及听众对获奖人的感情多么热烈。

4. 恭贺获奖者并传达每个人对其未来良好的祝愿。

对这篇短小的演说而言没有什么比真诚更为重要的了。无须明言，每个人都意识到了这一点。所以如果你被推举发表颁奖演说，你以及获奖者都会感到光荣。你的伙伴知道你可以信任，故将这样需要心思和智慧的任务交托于你。你必须注意不要犯某些演说家所犯的那些夸大其词的错误。

这种时刻很容易夸大某些人的品德，远超出他们的真实水平。如果这项奖励理所应当，我们必须这样说，但是我们不应该添油加醋过度赞美。过分的赞扬会使获奖者不舒服，了解这一切的听众也会不相信。

我们也应该避免对荣誉本身的重要性夸大其词，无须强调它的内在价值，我们应该强调颁奖的那些人友善的感情。

六、获奖时表达你真实的感情

获奖感言应该比颁奖辞更为简短。我们确实不应该记住任何东西，然而准备一下还是有好处的。如果我们事先知道自己要发表获奖演说，有了颁奖辞，则我们应该不至于为答谢词而手足无措。

只是翻来覆去两句“谢谢”“我一生中最辉煌的一天”以及“曾经历的最美好的日子”都不太好。就像颁奖辞一样，同样有一个夸张的错误。“最伟大的一天”以及“最快乐的事情”范围都太大了。你应该能以更为适度的用词表达衷心的感谢。

1. 对听众热烈真诚地说一句“谢谢”。

2. 将功劳归于其他帮助过你的人，如你的同伴、上级、朋友、家庭。

3. 说明荣誉或奖品对你意味着什么。如果奖品是被包着的，打开它，展示它。告诉听众它是多么有用，多么好看，你打算怎样使用它。

4. 以另一句真心致谢的话语来结束你的演说。

本章我们讨论了三种特殊的演说，在你工作的过程中或者加入某个组织或俱乐部时，都可能会被邀请发表其中任何一种演说。

当你发表任何一种演说时，请你认真采纳这些建议。这样你将会因为在恰当的时间说了恰当的事情，从中获得满足。

第十三章 组织长篇演说

任何有理智的人没有某种计划时都不会开始去造房子。一个人在对要达成什么目标还没有初步概念的情况下，他又为什么要去发表一篇演说呢?

演说就是有目的的远航，必须有步骤、有计划地进行。如果一个人随便从某处就可以开始的话，那它通常也在某处止步不前。

我希望我能把拿破仑说过的一句话漆成闪光的红色大字，悬挂在全球开设有效演说课程的学校门口。这句话就是："战争艺术是一门科学，没有经过规划及努力思索就无法成功。"

他所说的话对于演说而言也同样适用。但是演说者是否意识到这一点呢？或者即使意识到了，他们一定会遵照执行吗？他们没有。很多的演说在计划和安排上比一碗爱尔兰炖菜还要杂乱无章。

对于既定的一系列想法，最好、最有效的安排是什么？这一点直到演说者对它们进行了认真钻研之后才能说得清。它总是一个新问题，一个永恒的问题，要求每个演说者自己必须反复地询问，反复地回答。这一点并无准确的规则可以提供。但是在任何情况下，我们都能够指出长篇演说的三个主要阶段：引起注意阶段，阐述主体阶段，提出结论以便采取相应行动阶段。对每一个阶段，都有一些历久弥新的方法。

一、立刻引起注意

我曾问过前西北大学校长林恩·哈罗德·胡博士，作为一名演说者，长期的演说经历教给他最为重要的一件事是什么。沉思了片刻，他答道：“为了得到一个引人注意的开场白，需要搜集能立刻吸引听众注意的事情。”胡博士触及了所有说服性演说中最核心的部分：如何在演说的第一句话就吸引听众“转过身来”。有一些方法，如果应用的话，将使你的开场白非常具有吸引力。

以事件作为例子开始你的演说

罗威尔·托马斯是世界最负盛名的化学分析师、演说家、动画作家。他以这段陈述开始他在阿拉伯劳伦斯的演说。

“一天我走在耶路撒冷的基督大街上，这时我遇见了一个人，他穿着华美的长袍，是一个极有权势的人。在身上还佩着弯弯的金刀，而这只有先知穆罕默德的子孙才会拥有……”

接着他以所经历的一件事开始进行演说，那就是在吸引听众注意。这样几乎不会失败，会打动人心，继续进行下去。我们被吸引是因为我们将自己置身于当时的场景之中，并且想知道将会发生什么。我知道没有什么方法比使用故事开场更具吸引力的了。

我自己发表的演说很多次都以这些话开始：

“就在我大学毕业之后，一天晚上在南达科他州休伦镇的一条大街上散步，我看到一个人站在一个箱子上对一群人演说。我很好奇，所以我停下来听他演说。演说者说道：‘知道吗，你们肯定从没有看到过秃顶的印第安人或者你们从没有看到过秃顶的印第安女人，是吗？现在，我将告诉你们为什么……’”

没有停顿，没有“热身性的”陈述。通过直接描述一件事，你就能很容易引起听众的关注。

以所经历的故事开场的演说者会很安全，因为他无须去为用词绞尽脑汁，不用耗费想法。有关的经历只要存在，就是他的人生的一部分，是其本性的明确写照。结果呢？通过一种自信、友好的方式，将帮助演说者为自己与听众奠定友好的基石。

制造悬念

鲍威尔·希利先生在费城的一家运动俱乐部开始的演说，采用了一种方式：

“八十二年前，在伦敦出版了一部书，描述的是一段小故事，而它将注定成为不朽。许多人已经赞誉它为‘世界上最伟大的小册子’。它首次出版时，几个朋友在斯特兰街或波莫尔街遇见的时候，总会问：‘你看过这本书吗？’答案总是：‘是的，上帝保佑，我读过了。’

“所出版的一千多册当天就销售一空。两周之内的需求量达到一万五千册。从那时起它累计印刷了无数的版本并被翻译为世界上每一种语言。几年前J.P.摩根以相当不菲的价格购买了本书的初稿，现在它已成为伟大艺术殿堂中的无价瑰宝。这本最著名的书是什么？它是……”

你感兴趣吗？你是否渴望了解更多的东西呢？这位演说者是否已经引起了听众热切的关注呢？你感觉到了这种开场白已经引起了你的关注吗？而当它进行下去的时候你会增强对它的兴趣吗，为什么？因为它激起了你的好奇心，并使你充满悬疑。

好奇心！谁能不受它影响呢？

可能你也会！你会询问谁是作者以及上面提到的那本书是什么。为了满足你的好奇心，答案如下：作者是查尔斯·狄更斯；书名是《圣诞颂歌》。

制造悬疑是一种获得听众关注的好方法。以下就是我怎样在演说“如何停止焦虑开始生活”中制造悬疑的。我这样开始：“1871年的春天，一个年轻人注定会成为世界知名的物理学家。他就是威廉·奥斯勒。他挑出一本书只读了二十一句话，就对他的未来产生了深远的影响。”

这二十一句话是什么？这些话又是怎样影响了他的未来？这些问题听众一直都想得到回答。

描述一个令人震惊的事实

宾夕法尼亚州立大学婚姻咨询服务中心的克利福德·R.亚当斯，在《读者文摘》写了一篇文章，题目是“怎样挑选伴侣”，以一些令人震惊的事实展开叙述，那些事实使你屏气凝神，那些事实引人注目。

“今天我们的年轻人试图通过婚姻寻找快乐，这种机会确实非常渺茫。离婚率之高令人震惊。1940年五到六桩婚姻中就会有一桩触礁。1946年我们预测四桩婚姻中会有一桩触礁停航。而如果长期的趋势发展下去，到50年代其比率将会达到二比一。”

还有另两个例子是以“令人震惊的事实”开场的：

“战争部预计核战争的头一个晚上将会有两千万美国人丧生。”

“几年前，斯格利–霍华德报社花费17.6万美元做了一项调查。该调查显示了顾客对于零售店的不满之处。这是对零售商业问题所做的最昂贵、最科学、最彻底的调查。问卷被发放到16个不同的城市54 047个家庭。其中一个问题就是：‘在这个小镇关于零售点你最不满意什么？’

“对那个问题，几乎五分之二的答案是相同的：粗鲁的售货员！”

演说一开始，提出令人震惊的事实，这种方法在与听众建立联系方面是最有效的，因为这个事实让他们的思想产生了震撼。正是这种“震撼技巧”，通过使用意料外的事件使听众注意力集中于演说者所谈论的话题，从而引起他们的关注。

在华盛顿特区，我们培训班上的一位学员使用了这种引发别人好奇的方法进行了演说，她名叫梅格·希尔。以下就是她的开场白：

“我十年前是一个囚徒。不是在普通的牢房，而是在这样一个牢房中，它的围墙其实主要是对自己低劣水平的担心，而它的围栏则主要是对自己会受到批评的恐惧。”

你不想知道有关真实生活更多的场景吗？

令人震惊的开场白的危险之处也要加以避免，也就是说，存在过度戏剧化或太过敏感的倾向。我记得一位演说者通过对着空中开枪来开始他的演说。他确实引起了听众的注意，但是他也震破了听众的耳膜。

开场白应该平易如与人促膝相谈。有一个很有效的方法可以帮你判断你的开场白是否真的如促膝相谈一般，方法就是在餐桌上试讲。如果你演说的开场白并不足以使人觉得像在交谈，即无法在餐桌上进行试讲，那么就说明它对于听众来说也不够亲切、平易。

然而在现实生活中，许多本该吸引听众注意的开场白却都是演说中最单调的部分。比如说，我最近听到一位演说者这样开头："相信上帝，坚信你自己的能力……"以明显说教式的方法开始演说！但是接下来他的第二句话很有意思，其中蕴含了心跳的声音。"我母亲1918年开始守寡，带着三个孩子，支撑这个家，没有一分钱……"为什么，为什么，他不以他的寡母带着三个孩子含辛茹苦支撑家业这件事作为自己演说的头一句话呢？

如果你想吸引你的听众，那就不要以序言开头，直接跳入你故事的核心。

弗兰克·贝特加就是这么做的。他是《如何培养自己转败为胜》一书的作者。提起演说开头第一句话创造悬疑，他是行家里手。我了解这一点，因为我们俩一起走遍全美，在美国商会赞助下就产品推销发表演说。他总是充满激情进行演说，他那超卓的方式令我羡慕不已。没有布道，没有训责，也没有说教，更没有一般性的陈述。弗兰克·贝特加第一句就直接跳入话题中心。他以这样的热情开始演说：

"在我成为职业棒球手后不久，就遇到这一生以来最令我震惊的一件事。"

这种开场白对于听众会有什么样的效果？我知道，我就在现场。我看到了听众的反应。他立刻引起了每个人的关注。每个人都盼望听到为什么他会震惊，他是怎样震惊的，而他又做了些什么。

请求举手表决

吸引听众兴趣的最佳方法就是要求听众举手回答一个问题。比如说，我开始以“如何防止疲倦”为题发表演说，问了这个问题：

“让我们举一下手。看看你们多少人在你感到应该疲倦之前就已经很疲倦了。”

注意这一点：当你要求举手表决时，常常要给听众某种警示，告诉他们你要这么做了。不要一上来就问：“这里有多少人相信收入税会降低？让我们来举一下手。”可以这样说：“我要请你们就一个对你们很重要的问题进行举手表决。问题是：‘你们有多少人相信赠券有利于消费者？’”以使听众可以准备作答。

要求举手表决这个方法可以得出“听众参与程度”这样宝贵的反应。当你使用它的时候，你的演说不再是单方的，听众也参与进来了。当你问道：“你们有多少人在你感到疲倦之前就已经疲倦了？”每个人都开始思考这种有趣的话题：他自己，他的疼痛，他的疲倦。他举手可能会环视四周看看还有谁举起了手。他忘记他正在听一场演说。他笑了，对坐在他旁边的一位朋友点头示意，交流的坚冰被打破了。你作为演说者会非常轻松，而听众也是如此。

答应听众要告诉他们如何才能得到他们想要的东西

得到听众注意一个几乎不会失败的办法就是：答应听众将会告诉他们，如果按照你所建议的方式去采取行动，他们怎样才能得到他们想要的。下面是一些例子：

“我要告诉你们如何才能防止疲倦。我要告诉你们如何让自己每天清醒的时间再加上一个小时。”

“我要告诉你们如何才能让你的收入有很大提高。”

“我答应，如果你们听我说上十分钟，我将会告诉你们一种使自己更受欢迎的有效方法。”

这种开场的“承诺”确实很吸引人，因为它直接针对听众的个人利益。经常有很多的演说者都忽略了这种将他们的演说主题与听众的个人关键利益相联系的方法。没有开门见山就引起人们关注，他们一开始就以单调的开场封紧了大门，他们或者从一开篇就追溯这个话题所涉及的历史，或者费力地详述理解此话题所必需的背景知识。

我记得几年前听过的一篇演说，主题本身对听众来说非常重要：“定期身体检查的必要性”。演说者是怎么开始的呢？是通过有效的开场白增加了其话题的趣味性吗？没有。他机械地背诵这个题目的历史，以此开场，而听众也对他和话题失去了兴趣。但若采用了“承诺”技巧的开场白将会极其恰当。比如说，你们知道你们能活多久吗？人寿保险公司利用生命期望表就能预测到，这样的期望表是调查了上百万人的寿命编录而成。保险公司的统计指出：你现在的年龄与八十岁之差再乘以三分之二就是你还能活的时间。例如，你今年是三十五岁，你与八十岁的差距是四十五岁，四十五的三分之二是三十，也就是说，你大概还能活上三十年。现在，对你而言这就活得足够长了吗？一点也不！我们都热切地期望活得更长一些，我们都想证明那种推测是错的。但是你要问了，这要怎么才能做到呢？延长我的寿命，超过统计学家所计算的年份，这一年份对于我而言非常的少，我要怎样才能做到呢？好的，有一个答案，一种可能的方法可以做到这一点，而我就将告诉你们如何做到这一点……

如果它能够促使你听演说者说下去的话，那么就可以由你来决定这种类型的开场白是否真正吸引了你。你必须听他讲下去，因为他不仅仅谈到了你，谈到了你的生命，而且他还答应会告诉你一些对你来说极具个人价值的东西。这里没有对冷峻事实的机械记忆！

像这样的开场白几乎不可能拒绝去听。

使用一件展品

可能世界上获取关注最便捷的方法就是举起某件东西让人们去看。几乎任何生物，从最简单的到最复杂的，都会对刺激留心注意的。有时即使在最严肃的听众面前，它也能被有效地使用。比如说，费城的S.S.艾利斯在我们的一个培训班上，通过拇指与食指之间夹着一个硬币，高举过肩，开始了他的演说。自然每个人都看到了。接着他问："这里任何人在人行道上都曾找到过像这样的一枚硬币吗？据称，幸运的发现者都将在某某房地产开发中获得大量的优待。他只需要声称持有并提供这枚硬币即可……"艾利斯先生接着谴责了这种误导以及不道德的行为。

所有这样的方法都是值得赞扬的。它们既可以独立使用，也可以合起来使用。可以知道：如何开始演说，很大程度上决定着听众是否愿意接受你以及你所传达的信息。

二、避免获得不利的注意

请你记住：你必须不仅仅获得听众的注意，而且必须获得有利的注意。请注意我所说的是有利的注意。通过侮辱听众或者发表令人生厌的不友好的陈述，从而激起了听众与演说者和所要谈论内容的严重对立，真正有理智的人是绝不会这样开始自己的演说的。然而有很多次演说者使用上述手段吸引听众注意，从而开始自己的演说。

不要以道歉开头

以道歉开始一场演说也不会使你进入到一个好的开始。经常我们都会听到演说者以表明他们缺乏准备或缺少相关的能力来吸引听众来开始他的演说。如果你没有做好准备，听众无须任何帮助也会发现这一点。这样暗示听众，就是你认为他们根本不值得准备或者只需老调重弹就足以应付他们了，你为什么要这样侮辱你的听众呢？不，他们不想听到抱歉，他们想要被告知，并产生兴趣，请记住这一点。让你开始的句子就能引起听众的兴趣吧，不要在第二句，也不要在第三句，就在第一句。

不要使用“滑稽”的故事开头

你可能会注意到有一种开始演说的方法，那是演说者们比较喜爱的方法，这里并不推荐使用，即以所谓“滑稽”的故事开头。出于一些令人惋惜的理由，初学者感到他们应该通过讲一个笑话使演说“轻松愉快”；他会假想到马克·吐温的精神又降临在他身上。千万不要陷入这个误区；你会发现痛苦的真相：因为令你尴尬的是，这则“幽默”故事所带来的往往更多的是可怜而不是可笑——听众席中有人可能知道这则故事。

然而一种幽默感对于任何演说者而言则是一种宝贵的资产。一场演说不需要粗重、笨拙而又极端冷冰冰的开始，根本不必这样。如果你机智聪敏地提到当时的场景或来自这个场合下的一些事情以及前一位演说者的评论，并有能力掌控你听众的幽默感，那么当然可以去做了。看到一些不合适的地方，予以夸大了一些。相比于帕特和麦克，或者丈母娘，或者粗毛狗之类的老笑话而言，这种类型的幽默更可能成功，因为它是切题的而且是原创的。

可能创造欢乐最简单的办法就是讲述你自己的一个故事。刻画自己处于某种荒唐尴尬的情境下。那才是幽默的真正本质。杰克·班尼多年以来一直都用这种方法。通过在广播上嘲弄自己，他成为头等重要的喜剧演员。他使自己成为笑柄，他表演小提琴的能力，他的吝啬，他的年龄都会成为取笑的对象。杰克·班尼那幽默的风格，使他的收视率一年一年居高不下。

演说者有意通过幽默讽刺自己的一些缺陷或者某方面的失败，从而吸引听众的注意，这样听众对演说者当然就会敞开心扉并坦诚他们的想法。另外，“呆板的人”或者书卷味十足的专家，则会给听众留下冷酷和难以接受的印象。

三、支持你的主要观点

促使听众采取行动的长篇演说中，你将会有几个观点；观点越少越好，但是它们都需要有材料作为支撑。第七章我们讨论了演说中支持观点的一种方法，就是当你想让听众做什么时，以源自于你生活经历中的故事作为例子来进行说明。这时事例一定受欢迎，因为它对人们有一种根本的推动作用。以谚语来总结它，即“每个人都喜欢故事”。事件是普通演说家最为常用的一种事例，但绝不是你支持观点的唯一方式。你也可以使用统计数字，没有什么比科学归类的图解、专家的证言、类推、展板或者演示更具说服力的了。

使用统计数字

统计数字被用于展示一种事例所占的比例。他们能加深印象，并具有说服力，特别是作为证据，这点对于那些孤立的事例则无法企及。比如说，沙克防治小儿麻痹疫苗的功效可通过全美各个地区收集上来的统计数字加以衡量，而孤立的无效个案只是个例外。一些演说如果以这些例外为基础，是无法使父母相信沙克疫苗不能保护他们的孩子的。

统计数字本身也会让人生厌，应该明智审慎地使用。使用时应该结合语言，使它们形象生动。

把统计数字与我们都熟悉的事情作比较，从而介绍它们是能使人们印象深刻的。一位经理认为纽约人非常懒惰，由于不去立刻接电话，导致大量时间被浪费。为了支持这个观点，他说：

“每一百部电话连通时，有七部电话显示人们在接电话前延迟超过一分钟。这样每天将有280 000分钟被浪费掉。六个月的时间里，在纽约市延迟的时间将等于自哥伦布发现美洲以来所流逝的营业时间的总和。”

只有数字和总量，本身是不可能留下深刻印象的。它们需要加上图例进行说明，如果可能的话，它们应该根据演说者自己的经历进行述说。我记得听过在巨大的发电厂房里进行的一场演说，是一位导游进行的演说。他本可能给我们这间发电厂房规模大小的具体数字，但是那还是不如他所采用的方法更令我们信服。他告诉我们这间厂房非常大足够容得下一万人在一个标准足球场内看一场足球赛，此外，每边还能容纳几个网球场！

多年以前，我培训班的一位学员在布鲁克林中心基督教青年会的一场演说中提到过大量的房屋在前几年的火灾中焚毁。他进一步说，如果这些烧毁的房屋逐间逐间地排列起来的话，可以从纽约一直排到芝加哥；而如果火灾中丧失的人们半英里一个半英里一个地排好的话，可以再由芝加哥排回布鲁克林。

多年以后他给我列出的数字我几乎都忘记了。然而无须费力，我还能看到燃烧的房屋从曼哈顿岛排到伊利诺伊库克郡的场景。

使用专家的证言

演说中，你所要阐述的观点，可以通过使用专家的证言更有效地予以支持。在使用证言之前，首先应该回答下列问题以进行检验：

1. 我们即将使用的引证是否准确？

2. 是否取自该人士相关的专业领域？比如，引述乔 · 路易斯在经济学上的话语，显然是因其名声而不是取其专长。

3. 引证的这个人是否众所周知或听众都很尊敬的人物？

4. 你确信那篇陈述是基于第一手的资料，而不是他个人兴趣或偏见所致吗？

多年以前，我班上的一位学员在布鲁克林商会进行演说，在谈到专门化的必要时，以引述安德鲁·卡耐基开始。他的选择明智吗？是的，因为他精确地引用了这个人，因其在商业上的巨大成功获得了成功论道的资格，从而为听众所尊崇。那篇引文至今仍值得广为传颂：

"我相信无论哪一行，卓越的成功都能使你在那一行出人头地。我并不相信分散精力的策略。在我的经验中，极少遇见一位在很多领域都分心，而又获得卓越成就的人士——在制造业上就完全没有。真正取得成功的人是那些选定一行就坚持不懈的人。"

使用类比

一种类比，按照韦伯斯特的说法，就是"两种事物之间的相似关系……包含它们的相似性，并不是两种事物自身内部的相似性，而是两个或多个属性，环境或效果上的相似性"。

类比的使用对于支持主要观点来说是一个很好的技巧。以下是从一篇叫作"更多电能的需要"的演说中摘录下来的，由C.吉拉德·戴维森在内政部助理秘书任职期间发表。注意他是如何采用类比来支持他的观点的。

"一个繁荣的经济体必须向前迈进，否则就会陷入崩溃。很类似于一架飞机，站在原地时只是一堆没用的螺母和螺杆的集合。然而当向前飞入云端时，则会适得其所并且发挥其有用的功能。为了保持原样，它不得不向前飞行。如果它一旦不动了，它就会下落——因为它是不可能向后退的。”

下面是另一个例子，可能是演说史上最卓越的类比之一了。它是由林肯所引用的，用以回应在内战的关键时刻对他的批评之声：

“先生们，我想向你们假定一种情况。假定你们有价值的财富就是黄金，你们把它们都交给了伯罗丁，一位走钢丝的演员。由他在尼亚加拉大瀑布上顺一条钢丝绳，并带着这些财宝穿过。当他走过钢丝绳的时候，你们会晃动那条绳索吗？或者对他大声喊：‘伯罗丁，再伏低一些，再快一点！’不，我确信你们不会。你们会屏住呼吸一声不响，一动不动直到他安全走过。现在的政府就处于相同的情况，承担着巨人的重量穿过翻卷风暴的海洋。无数的财富就掌握在它的手中，它正竭尽所能地工作，所以请不要打扰它。安静一会儿，它将会带你安全度过。”

进行演示，无论有无展品

当钢铁锅炉公司的经理们给代销商们讲解时，他们需要以某种方式戏剧性地说明燃料应从火炉底部填入而不是从顶部填入。于是他们进行了简单而又有力的演示。演说者点亮一根蜡烛。接着说道：

“看看这火焰燃烧得多明亮呀——多么高。事实上所有的燃料都会转化成热量，它实际上并散不出烟来。

“蜡烛的燃料从底部被补给，正如钢铁锅炉公司补给燃料进入火炉一般。

“假定这根蜡烛从上部补充燃料，就如手工加煤的火炉一般。（这里这位演说者将蜡烛头冲下翻转过来。）

“注意到火焰是如何减弱的，闻闻这烟，听听这噼啪声。看一下这火焰多么红，就是由于它的不完全燃烧。直到最后火焰熄灭，也是由于从上面添加燃料没有效率的结果。”

几年前，亨利默顿罗宾逊为《你的生活》杂志撰写了一篇有趣的文章《律师如何胜诉》。其中，他描述了一位名叫亚伯·胡莫的律师，在代表保险公司的一场损害诉讼当中，如何通过戏剧化演示取得了巨大成功。原告是一位名叫波士特的先生，他描述了由于摔倒在电梯通道，他的肩膀受了重伤，以至于无法抬起他的右臂。

胡莫看起来非常关注此事。他满怀信心地说：“现在波士特先生，请向陪审团展示一下你的手臂能抬多高。”波士特小心翼翼地抬起手臂到耳根处。“现在让我们看一下你没受伤前手臂能抬多高吧。”胡莫催促道，“这么高吧。”原告说着，伸直了手臂高举过头顶。

陪审团对这次演示的反应，你们可以自己得出结论了。

较长的演说中，确保听众采取行动，你可以举出三个至多四个要点。它们不超过一分钟就能被讲解完。向听众背诵它们是很单调乏味、令人厌倦的。什么才能使这些观点鲜活起来呢？是你用来支持观点的材料。这使你的演说充满闪光点与趣味。通过事件、比较与演示的使用，可以使你的主要观点清楚生动；通过统计数字、专家证言的使用，则可以有力地说明事实，强调你主要观点的重要意义。

四、请求行动

我一天去拜访乔治·F.约翰森并与他闲聊了几分钟，他是一位企业家、慈善家。那时他是安迪克–约翰森公司的总裁。对我而言更为有趣的就是他是一位演说家，他的谈话有时能使听众非常高兴，但有时又能使他们哭泣，而且很长一段时间都能记住他所说的话。

他没有私人的办公室，在宽大的繁忙的工厂里有一个他的角落。他的举止并不招摇就像他那张木制办公桌一样。

“你来得正好，”他站起来向我致意，“我有一项特别的工作要做。

今晚要给工人们发表的这篇演说的末尾，我已经草草记下了想要说的内容。”

“在大脑中从头到尾把一篇演说理得井井有条总会让人松一口气。”我告诉他。

“哦，它还没有完全在我脑中成形呢，”他说，“只不过是梗概以及我想结束演说时明确的方法。”

他不是一位专业的演说家。他从不会刻意追求精彩的语句或者华丽的辞藻。然而从经验，他已经学会了一条成功演说的秘诀。他知道一篇演说要讲得好，就必须有一段好的结尾。他意识到：如果要给听众留下深刻印象，所有过程必须合理推进，直至演说结论最后推出。

结尾是一篇演说中真正最具战略性的部分。当一个人退席后，他所说的最后几句话仍萦绕在听众耳畔，这些话可能最为长久地被听众记在心间。与约翰森先生不同，很多初学者很少了解其重要性，他们演说的结尾经常有很多不尽如人意的地方。

他们最普通的错误是什么呢？让我们来讨论一下，并找出解决的办法。

首先，有的人这么结束：“关于这件事以上就是我要说的一切，所以我想我该结束了。”这位演说者经常放出一阵烟雾，并心虚地说一句“谢谢”，以掩饰他没能很满意地结束演说。这不是一个结尾，这是一种错误。它暴露出他是个生手。那几乎是不可饶恕的。如果那就是你所要说的一切，为什么不让演说完满结束，而且迅速回到座位，不要再说“我结束了”这样的废话呢。如果那样做的话，结果就是你所要说的一切可能都会留给听众去识别。

其次，还有这样的演说者，他说了一切所要说的事情，但并不知道如何停下来。我相信正是乔斯·比利斯建议人们捉牛时要去抓牛尾巴，而不是牛角，因为在后面放牛跑会更容易。这位演说者就有一头牛在正面，他极力想要与牛分开，但是无论他怎么努力，都不能爬到最近安全的篱笆和树上去。最终他只能原地打转，反复重复一句话，给听众留下一个坏印象……

解决办法呢？一个结尾必须被预先计划好，不是吗？在你面对听众之后才试着去做它，还可以吗？显然不行，因为你此时正承受着演说带来的巨大压力，你的思维必须专心致志想着要说什么。常识要求我们事前平静安宁地去做这件事更为明智，不是吗？

总结

在较长的演说中，一位演说者非常易于谈及很多方面，以至于在结尾的时候，听众对于其主要观点还不太清楚。然而，很少有演说者意识到这一点。他们有一个错误的假定：因为这些观点在自己的心中像水晶一样清楚明确，听众肯定也同样非常清楚。并非如此。演说者对于他的观点已经构思了一段时间，但是他的观点对于听众而言是全新的。他们将之一下子都抛给了听众，一些听众可能记住了，但多数仍是糊里糊涂。听众都是易变的，按照莎士比亚的说法："记住很多事情，但是没有一样清清楚楚的。"

据报道，某位匿名的爱尔兰政治家曾就此方法发表了一篇演说："首先，告诉听众你准备对他们讲的东西；其次告诉他们这个东西；最后告诉听众你对他们讲过了的东西。"一般地，"告诉听众你对他们讲过了的东西"是非常明智的。

有一个好的例子。这位演说者的身份是芝加哥一家铁路公司的交通部经理，以总结结束了他的演说：

"总之，先生们，我们自己在后院练习使用这套信号系统，拥有了在东部公司、西部公司、北部公司使用这套装置的经验，还有全面简单的运行规范，以及一年下来在防止失事方面所省下的钱——都使我极其热心而又坦率地向南部分公司推荐立即使用这套装置。”

你们看到他做了些什么呢？无须听到演说的其他部分，你们能够看到并感觉到那些内容。他用几句话，六十二个单词就将全部演说中所有观点都作了总结。

你有没有感到总结有很大帮助呢？如果这样，就在你自己的演说中使用这个技巧吧。

要求采取行动

上面刚刚引用的那个结束语也是请求采取行动结尾的最佳范例。这位演说者想要他人做的事情是在南部分公司的铁路上安装这套装置。由于这套装置防止失事所省下的钱，他要求该分公司采取行动。这位演说者想要听众采取行动，他确实得到了回应。这不只是一篇练习性的演说。这篇演说是面对某家铁路公司董事会成员发布的，也是要保证所要求的这套设备能够安装。

在一篇演说中，以你最后的话语确保采取行动，而当你觉得要求行动的时间已经来到。那就要求行动吧！告诉你的听众加入进来，参加捐助、投票、写信、打电话、购买、联合抵制、征募、调查、宣判无罪，或者任何你想让他们做的事情。然而要保证遵守以下原则：

要求他们做明确的事情。不要说什么：“帮助红十字会吧。”那太笼统了。要说：“今晚就寄出入会费1美元，给本市史密斯大街125号的美国红十字会。”

要求听众在他们力所能及的范围内作出反应。不要说：“让我们投票反对酒鬼吧。”根本做不到。此刻，我们不会投票反对酒鬼。相反你可以要求他们加入戒酒社团或者为某个与酗酒做斗争的组织捐款。

对于你的听众而言，尽可能使他们容易按照你的请求采取行动。不要说：“写信给国会议员以投票反对这项法案。”百分之九十九的听众不会去做。他们并不感兴趣；或者这事太麻烦了；或者他们会忘掉。所以使这件事对他们而言很容易而且乐于去做。怎么办？只有你自己亲自写一封信给国会议员，说：“我们，签了名的所有人，敦促您投票反对第74321法案。”把信与钢笔在听众中传递，你可能会得到大量的签名——无非可能会丢掉你的钢笔。

第十四章 活用所学技巧

我在讲授这十四个单元的课程中，经常高兴地听到学员谈论他们是如何在日常生活中运用学到的沟通技巧的。销售人员谈到他们的销售量增加了，管理人员表示他们得到了提拔，经理人员则说他们的驾驭能力得以拓展，所有这一切都是因为他们在发布指示、解决问题时运用有效沟通这一工具的技能得到了提升。

正如N.理查德·迪勒在《今日演说》杂志撰文说："谈话，谈话的方式，谈话的多少，谈话的氛围……正是现代社会交际系统的生命线。"R.弗雷德·卡纳迪，是通用汽车公司《戴尔·卡耐基有效领导力教程》培训部的主管，他也在同样的杂志撰文写道："我们通用汽车公司对演说能力感兴趣的一个基本原因是我们认识到任何一个管理者都在某种程度上要去教导别人。无论他是去招聘员工，还是对新员工进行就业指导，抑或是分配日常工作、竞争上岗，他需要不断地解释、描述、训斥、告知、指示、总结，有无数的事情需要他和部门的每个员工沟通交流。”

如果我们把口头交流提升一个层次，使之更接近于公开演说讨论的性质，比如，开会做出决策、解决问题、制定政策这些正式的场合——我们再次发现我们在本书中教授的有效沟通的技巧完全可以用于日常的演说活动。在群体前演说的规则可以直接用于主持会议或参加会议讨论。

组织好要表达的思想，选择恰当的措辞，演说时严谨认真、充满热情，这些都是在最后阶段保证你的思想生命力的重要因素。所有这些要素在本书中都已做详细讨论，但最终还要靠读者自己在开会时灵活运用所学到的技巧。

你也许不知道该何时开始运用在本书前十三章中学到的技巧。也许你感到奇怪，我对这个问题的回答就一个词：立即。

尽管你也许这段时间并不打算在公开场合发表演说，但我还是确信你会发现本书中的原则和技巧每天都能用得上。我说现在就开始学着用这些技巧，意味着你在下次开始讲话时就可以试着运用。

如果你把每天的讲话分析一下，你会感到很惊讶，原来我们的日常会话和本书中讨论的正式交流的目的之间有这么多的相同之处。

在第七章，我要求你们记住在群体前演说的四个基本目的：你也许是想向他们发布什么信息，或者仅仅是让他们快乐，或者是让他们相信你的立场是对的，或者是说服他们采取某种行动。在公开演说场合，不管是就演说的内容而言，还是就演说的方式而言，我们都要尽量使这种目的性更加鲜明突出。

在日常会话中，这些目的常是不固定的，它们有时彼此交织在一起，有时又从一个目的很快转到另一个目的。此刻我们还是朋友间海阔天空的闲聊，可能过会儿我们又需要运用口才出售产品或说服孩子把零花钱存到银行。通过在日常交流中灵活运用本书中所介绍的沟通技巧，会让我们的工作更有效率，我们的思想更容易被别人接受，也能更有效地激励别人。

一、在日常会话中要详细具体

就拿这个技巧举例来说吧。还记得我在第四章要求大家在谈话中使用细节吧。这样就会使你的思想活灵活现、栩栩如生。当然，我主要研究的是在群体前的演说。但是，难道在日常会话中使用细节不是同样的重要吗？想一想你的熟人中幽默风趣的人是如何讲的。他们不正是让话语中充满丰富多彩、戏剧性的细节，善于用生动有趣的语言来做到这一点的吗?

你必须有信心培养你的会话技能。因此本书前三章所说的在保证你敢于同别人交流、敢于在非正式的社交场合说出自己的观点方面是非常有用的。一旦你在一个很小的场合急于表达自己的观点，你就会开始从你以往的经历中搜寻可以用于谈话的材料。由此就会发生一件很有趣的事情——你会发现你的眼界变得开阔了，你的生活也开始有了新的意义。

家庭妇女的兴趣相对比较狭窄，她们在小的群体谈话中运用所学的演说技巧时最热衷于述说她们身边发生的事。“我发现我最近信心的增强使我敢于在社交场合开口说话，”辛辛那提的R.D.哈特太太告诉她的同学，“我也开始对时事感兴趣了。现在我不是想要退出那种交换信息的群体，而是积极地参加进去。不仅如此，现在我做的每一件事情都能成为我谈话的素材，我发现我自己开始对许多新的活动产生兴趣。”

对于像我这样长期从事演说教育的人来说，哈特太太的溢美之词已经司空见惯了。一旦激发了学习的动力，并能积极把所学付诸实践，就会产生一系列的作用，形成良性互动，而这又会使整个人的性格变得活泼开朗。像哈特太太这样，仅仅把书中所教的一个原则加以运用，就获得了极大的成就感，从而建立一种运用——成功——再运用的良性循环。

尽管我们大多数人都不是专业教师，但我们所有人每天在许多情况下都要通过话语与别人沟通。父母需要教育孩子，邻居可能要分享修剪玫瑰的新方法，导游可能要就最佳旅游路线与游客交换想法，这些场合都离不开说话，而且要求思路清楚连贯，语言生动有趣、充满活力。第八章所讲的有关告知性谈话技巧也可应用于这些场合。

二、在日常工作中活用有效沟通技巧

现在我们谈谈会对我们工作产生影响的沟通过程。无论是销售员、经理、秘书、教师、部长、小组长、部门领导、行政主管，还是医生、护士、律师、会计或工程师，我们往往都需要解释某个专业领域的知识或者进行专业指导。我们能否用清楚、简明的语言开展这些工作的能力往往是我们的上级评价我们工作能力的标尺。经常练习告知性演说，可以培养我们思维敏捷、熟练表达方面的技能，然而这种技能绝不仅限于正式的演说——我们每个人每天都可以用到这种技能。今天，企业、政府和一些专业机构举办了大量的口头交际方面的培训，对清楚明了的职业演说的需求之大，由此可见一斑。

三、积极寻找公开演说的机会

在日常交流中要积极运用本书所说的沟通原则，有时你会有意想不到的收获，除此之外，你还积极寻找公开演说的机会。如何做到这一点呢？你可以参加一个经常举行公开演说的俱乐部，别成为一个不活跃的会员，那仅仅是一个旁观者。要积极投入，帮助做一些组织工作，大多数这类工作都要求四处游说。直接去找项目负责人，这样你就有可能获得去拜访社区里一些著名演说家的机会，而这自然要求你要进行一些介绍性的演说。

尽可能开展一些能持续二十到三十分钟的演说。运用本书中的建议作为指导。要让你所在的俱乐部或组织知道你准备发表演说。在当地“演说者之家”挂个号，因为常有募集资金的活动需要志愿者为他们宣讲。他们会为你提供许多演说素材，还会为你准备演说提供极大帮助。许多成功的演说家都是以这种方式开始的，有些甚至成就卓著。例如电台、电视之星萨姆·列文森，就长于演说，全国各地都请他去做节目。他原本是纽约的一个中学教师，作为兼职他开始做一些短的谈话节目，谈论他最拿手的事，谈论他的家人、亲戚、学生以及工作中不寻常的事情。结果这种谈话节目一下火了，很快他被请去给各种群体作演说，甚至都开始干扰到他的正常教学工作。但他这时已是许多电视节目的座上客，没过多久萨姆·列文森就完全转向娱乐业。

四、要持之以恒

我们学习任何新东西的时候，无论是学习法语、打高尔夫还是公开演说，很难做到稳步前进，一步步地节节上升。期间会有波折，有时突然开始，有时又会突然中止；有时我们可能毫无进展，有时甚至会下滑，失去以前坚持的理由。心理学家熟悉这种或停滞、或退步的状态，他们把这叫作“学习曲线的平台期”。我们有效沟通技巧的学员有时（也许是几个星期）也会陷入某个“平台期”。尽管他们作出种种努力，似乎都难以摆脱这种状态。脆弱的人就会绝望地放弃，而那些有毅力坚持下去的人会突然发现，不知怎么的，似乎一夜之间他们就取得了很大进步，他们就像一架飞机从平台起飞了，突然他们在演说时自然流畅、刚劲有力、充满自信。

正如本书其他地方所提到的，你们在开始几次面对听众的时候总会有些害怕、紧张和焦虑的情绪。即使是最伟大的音乐家也会有这种感觉，尽管他们已无数次地面对听众。帕德雷夫斯基在钢琴前坐下的时候总会不安地摸摸袖口，但一旦他开始弹奏，所有在听众前的紧张感都会像八月阳光下的晨雾一样顷刻烟消云散。

你也会有同样体会。虽然你感到紧张，但只要坚持，很快你就会消除一切不安情绪，那只不过是最初的一点紧张感，没什么大不了的。这样经过几次之后，你就能完全控制自己的情绪，就能轻松愉快地进行公开演说。

有一次一个渴望学法律的年轻人给林肯写信寻求他的建议。林肯回复道："如果你已下定决心要让自己成为一个律师，那你就成功了一半多……请记住，你要成功的决心比任何其他事情都重要。"

林肯是有切身体会的，因为他自己就是这么走过来的。他一生当中从来都没有上过一年完整的学。至于书本，林肯曾经说过他把步行五十英里之内能借到的书都借来看过。他住的小屋里常常整夜烧着一堆篝火，有时他就靠篝火的火光读书。小屋里常传出燃烧木柴的爆裂声，而林肯常常坚持在火边读书。清晨只要天刚放亮，能够看书了，林肯就从树叶铺的床上翻身爬起，擦擦眼，拿出书本就如饥似渴地读起来。

有时他会步行二三十英里去听人演说，回到家后，他就到处练习演说——田野里、森林中、家乡霍金维尔镇琼斯杂货店聚集的人群前，都有他的身影。他还加入纽沙纶和斯普林菲尔德的文学社和辩论社，就当天的热门话题发表评论以练习演说才能。他曾经在女性面前很害羞；当他追求玛丽·托德时，他常常一言不发地坐在客厅里，显得很羞怯，找不到话讲，听着玛丽一个人唱独角戏。然而就是这样一个人，通过自己的不懈练习和刻苦自学，最终使自己成为一个演说高手，乃至和当时最著名的雄辩家道格拉斯参议员同台辩论，一决雌雄。还是这个人，他在葛底斯堡发表第二届总统就职演说时，再次展现了其雄辩的口才，其言辞之精彩至今无人能及。

鉴于他自己曾有过的难言之隐及艰苦奋斗，林肯这样写就毫不奇怪了："如果你已下定决心要让自己成为一个律师，那你就成功了一半多。"

白宫总统办公室里挂有一幅逼真的亚伯拉罕·林肯肖像。"常常当我要就某事作出决定的时候，"西奥多·罗斯福说，"特别是面临那种复杂的、难处理的事情，那种存在权力和利益冲突的事情的时候，我会抬头看着林肯的肖像，试想如果他处在我的位置，在同样情况下他会怎么做。你也许觉得有点奇怪，但坦率地说，这样似乎使我的问题容易解决一些。”

为什么不试试罗斯福的办法呢？在你对培养自己的演说才能感到沮丧、想要放弃的时候，为什么不问问自己林肯在这种情况下会怎么做呢？你知道他会怎么做，你也知道他做到了什么。他在竞选美国参议员一役中被斯蒂芬·A.道格拉斯击败的时候，他告诫自己的追随者“不管是失败一次还是一百次都永不放弃”。

五、要确信自己能成功

我多么希望你们能每天早晨在早餐桌上打开这本书看看，直到你们把威廉·詹姆斯教授的这段话牢记在心：

“让每个青年都无须忧虑其教育的结果，无论他是学什么的。只要他在正常学习时间内真正投入进去了，他完全可以不管最终的结果如何。他可以信心十足地期待着在某天早晨醒来，发现自己成为同代人中的佼佼者，不管他追求的是什么，他都会脱颖而出。”

现在，借着著名的詹姆斯教授的话，我也想这样告诉大家，只要你们坚持勤奋练习，你们也可以满怀信心地期待着有一天你们一觉醒来，发现自己成了你们所在城市或所在社区最雄辩的人之一。

尽管现在这对你们来说听起来有点虚幻，但这却是一条通用的原则。当然也有例外。一个心智和人品低劣的人，又没什么可资谈论的，是不可能成长为当地的丹尼尔·韦伯斯特的。但是，从道理上来讲，这个论断还是正确的。

给大家举个例子吧。前新泽西州州长斯托克斯参加了我们一个培训班在特伦顿举行的结业会餐。他评论说他那天晚上听到的演说和他在华盛顿的参众两院听到的演说一样好。这些特伦顿“演说”

是一些商人做的，他们几个月前面对听众还紧张害怕、说不出话。记住，这些新泽西州的商人可不是古代的西塞罗，他们是你在美国任何一个城市都能找到的普通商人。然而他们在某天早晨醒来发现自己成了自己所在城市的，也许是全国的，能言善辩之人。

我认识不下成千上万的人，并曾认真观察过他们，他们竭力培养自信和当众说话的能力。那些成功人士，只有极少数是特别聪明的人。对于绝大多数而言，他们就是你们在家乡镇子上都能找到的普通商人。但他们能持之以恒。也有不少人是例外，他们有的打退堂鼓了，有的忙于赚钱了，结果就没取得什么效果。但那些目的明确，有毅力坚持到最后的人，往往都成就卓著。

这是符合人性和自然规律的。难道我们不是常常看到同样的事情也发生在商界和职场吗？老约翰·D.洛克菲勒说过，商业上成功的一个基本点就是首先要有耐心，知道最终能得到回报。这也同样是有效沟通取得成功的一个基本点。

几年前的一个夏季，我准备攀登素有澳洲阿尔卑斯之称的维尔德凯泽山脉，贝德克说该山不好攀登，对业余登山者来说最好找个向导。我和朋友就两个人，没有找向导，而我们肯定是业余人士，因此有旁人问我们是否认为自己会成功。

“当然啦。”我们回答。

“你们为什么会这么想呢？”他问道。

“有其他人没找向导就成功过，”我说，“因此我知道它并不是不可战胜的，而且我做任何事情从不考虑失败。”

这对做任何事都是一个正确的心理状态，不管你是作演说，还是征服珠穆朗玛峰。

你能取得多大的成功很大程度上取决于你演说前的心理状态，不妨设想自己充满自信地对别人讲话。

你很容易就能做到这一点。相信你能成功，坚定地相信这一点，你就会做一切必要的工作使成功真正属于你。

在南北战争期间，海军准将杜邦将军列了一大堆理由说明自己为什么没有率领舰队进入查尔斯顿港。法拉格将军认真听了他的申诉，然后他说："但还有一个理由你没有提到。"

"什么理由？"杜邦准将问。

回答是："你不相信自己能做到。"

在我的培训班学过的学员所获得的最有价值的东西就是他们的信心不断增强，对他们取得成功的信念得到提升。在任何事业中还有什么比这对一个人的成功更加重要的呢？

爱默生写道："没有热情就难以成就任何伟大之事。"这并不仅仅是一句好听的说辞，而是通向成功的路线图。

威廉·里昂·菲尔普斯可能是曾在耶鲁大学任教的最受人喜爱、最受人欢迎的教授。他在自己的著作《教书是件令人兴奋的事》中写道："对我来说，教书不仅是门艺术或一个职业，它是我的爱好。我酷爱教书，就像画家酷爱画画，歌唱家酷爱唱歌，诗人酷爱创作一样。早晨我还在床上的时候，就热切高兴地想着我的那群学生。"

一个对自己的工作如此充满热情、如此兴奋地从事教学的老师取得成功还有什么令人惊奇的呢？比利·菲尔普斯对自己学生影响巨大，很大程度上是靠他的爱心、他对教学工作倾注的激情。

如果你能对学习有效沟通倾注这样的热情，你会发现你学习道路上的所有障碍都会消失。把你所有的才能和精力集中到和你的同伴有效沟通的目标上来，这对你来说是一种挑战。想想你自力更生、泰然自若、信心百倍的样子，想想你熟练地吸引人们的注意力、激发人们的感情、说服一群人去行动的神态，你会发现熟练的自我表达能力也会导致其他方面能力的提高，因为有效沟通培训也是通往培养所有工作、生活方面自信的康庄大道。

在《戴尔·卡耐基教程》给教员的指导手册中有这样的话："当学员发现他们能够吸引听众的注意力，赢得老师表扬和同学掌声的时候——当他们能做到这一点的时候，他们就培养出了内在的力量感，充满勇气，遇事冷静，这是他们从未经历过的。结果怎样呢？他们敢做他们以前想都不敢想的事并完成得很好，他们发现自己渴望在人前发表演说，他们会积极参加商业、职业和社区活动，并常常是领导者。"

"领导力"这个词在本书以前章节中经常用到。在我们这个社会，清楚明确、刚劲有力的表达能力是领导力的标志之一。对领导来说这种表达能力不管是在私人会见当中，还是在公开演说场合都是必备的。恰当地运用本书中的技巧有助于培养领导力——无论是在家庭、宗教团体、民间组织，还是在公司、政府部门。